iBS 교육방송

2015 수능대박특강

수학영역 A형

|수 1|

IPTV교육방송은 교육전문방송으로서 학교교육을 보완하고 국민 평생교육 담당이라는 사회적 책임과 의무를 다하기 위하여 부단한 노력을 기울여 오고 있습니다.

특히, 교육환경의 변화와 이에 따른 교육현장의 요구를 최대한 수용하여 학교 교육을 보충·심화할 수 있도록 다양한 교재와 프로그램을 새롭게 개발하고 있습니다.

이러한 노력의 일환으로 IPTV교육방송은 고등학교에서 연차적으로 실시되고 있는 개정 교육과정 및 교과도서를 철저히 분석하여, 방송 교재와 프로그램에 충실히 반영함으로써 세분화·전문화된 교재와 방송 프로그램을 개발하고 있습니다.

또한, IPTV교육방송 홈페이지를 통해 언제 어디서나 손쉽게 볼 수 있도록 하여 학교나 가정에서 반복 학습이 가능하도록 하였습니다.

앞으로도, IPTV교육방송은 가정경제의 위기 속에, 날로 심각해지는 국민 사교육비 부담을 덜어주고 공교육의 정상화를 위한 다각적인 노력을 기울이며, 공영방송으로서의 새로운 비전을 제시할 수 있도록 최선을 다하겠습니다.

2014년 1월

c·o·n·t·e·n·t

Ⅰ. 행렬과 그래프

Lec.01 행렬의 성분, 덧셈, 뺄셈, 실수배 • 6
Lec.02 행렬의 곱셈, 거듭제곱 • 8
Lec.03 역행렬의 존재유무 • 10
Lec.04 역행렬 구하기 • 12
Lec.05 역행렬과 연립일차방정식 • 14
Lec.06 그래프와 행렬 • 16
Lec.07 합답형 ㄱ, ㄴ, ㄷ 정오문제 • 18

Ⅱ. 지수함수와 로그함수

Lec.08 거듭제곱근의 계산 • 22
Lec.09 지수의 확장과 식의계산 • 24
Lec.10 지수법칙과 곱셈공식의 변형 • 26
Lec.11 지수법칙의 활용 • 28
Lec.12 지수함수 • 30
Lec.13 지수함수의 최대·최소 • 32
Lec.14 지수방정식 • 34
Lec.15 지수부등식 • 36
Lec.16 로그의 정의와 성질 • 38
Lec.17 로그의 활용 • 40
Lec.18 상용로그 • 42
Lec.19 로그함수 • 44
Lec.20 로그함수의 최대·최소 • 46
Lec.21 로그방정식 • 48
Lec.22 로그부등식 • 50

Ⅲ. 수열 및 수열의 극한

Lec.23 등차수열 • 54
Lec.24 등차수열의 합 • 56
Lec.25 등비수열 • 58
Lec.26 등비수열의 합 • 60
Lec.27 합의 기호의 성질과 계산 • 62
Lec.28 계차수열 • 64
Lec.29 여러 가지 수열 • 66
Lec.30 수학적 귀납법 • 68
Lec.31 점화식 • 70
Lec.32 순서도 • 72
Lec.33 수열의 극한값의 계산 • 74
Lec.34 수열의 극한의 성질 • 76
Lec.35 무한급수의 수렴과 발산 • 78
Lec.36 무한급수의 활용 • 80

정답 및 해설 • 85

I.
행렬과 그래프

Lec.01 행렬의 성분, 덧셈, 뺄셈, 실수배

Lec.02 행렬의 곱셈, 거듭제곱

Lec.03 역행렬의 존재유무

Lec.04 역행렬 구하기

Lec.05 역행렬과 연립일차방정식

Lec.06 그래프와 행렬

Lec.07 합답형 ㄱ,ㄴ,ㄷ정오문제

:::: 수능 기출 유형 분석 ::::

수학영역 A형에서 행렬 단원은 최근 2년간 3문항이 출제되었다. 비교적 간단한 행렬계산 문제, 행렬의 성질을 이해하는 참, 거짓을 구하는 합답형 1문제, 행렬의 곱셈규칙을 활용하는 단답형 1 문제로 구성되었다. 또한 2년 연속 그래프에 관한 문제가 출제되지 않았지만 지난 2013학년도 수능 과 2014년 수능에서 그래프에 관한 문제가 출제 되었다.

행렬단원은 곱셈의 연산과 행렬의 성질에 대한 이해가 매우 중요하다. 행렬에서는 곱셈에 대한 교환법칙이 일반적으로 성립하지 않기 때문에 연산이 자유롭지 못하다. 그리고 행렬의 나눗셈도 정의되지 않았고, 역행렬이 그 역할을 대신하고 있지만 이것도 일반적인 나눗셈에서 역수를 취하는 경우와 너무 다르기 때문에 쉽지 않다. 이와 같이 행렬은 실수의 사칙연산과 다르기 때문에 연산을 할 때 주의해야 한다. 특히 새 교육과정에서 새롭게 배우는 그래프와 행렬은 정확하게 개념을 숙지하는 것이 중요하다.

최근 행렬에서 꾸준히 출제되고 있는 유형이 바로 합답형이다. 합답형 문항은 갈수록 난이도가 높아지고 있다. 행렬의 연산을 알고 있는 것으로 끝나는 것이 아니라 주어진 조건을 어떻게 조작하여 참과 거짓을 구별하느냐가 문제를 푸는 열쇠가 된다. 이런 유형의 문제를 풀 때 주의해야 하는 것이 바로 일반적으로 우리가 알고 있는 대수인 연산을 적용할 수 없다는 것이다. 그래서 조건에 주어진 상황을 잘 활용하는 기술을 터득하도록 노력해야 한다.

🔊 예제

그림과 같이 정의된 함수 $f : X \to X$ 에 대하여 3×3 행렬 A 의 (i, j) 성분 a_{ij} 를 $a_{ij} = \begin{cases} 1 & (f(i) \geq j) \\ 0 & (f(i) < j) \end{cases}$ 으로 정의할 때, 행렬 A 의 모든 성분의 합은?

① 6   ② 7   ③ 8

④ 9   ⑤ 10

✏️ 풀이

📖 핵심정리노트

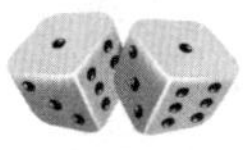 **확인문제 01**

이차정사각행렬 A의 $(i,\ j)$성분 a_{ij}를 $a_{ij}=\left[\dfrac{3i-j}{2}\right]$ $(i=1,\ 2,\ j=1,\ 2)$ 로 정의할 때,

행렬 A의 모든 성분의 합은? (단, $[x]$는 x보다 크지 않은 최대의 정수이다.)

① 5   ② 6   ③ 7   ④ 8   ⑤ 9

2014 수능(2점)

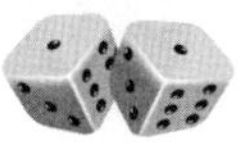 **확인문제 02**

두 행렬 $A=\begin{pmatrix}2&0\\1&1\end{pmatrix}$, $B=\begin{pmatrix}1&1\\0&1\end{pmatrix}$에 대하여 행렬 $A+2B$의 모든 성분의 합은?

① 8   ② 9   ③ 10   ④ 11   ⑤ 12

2013 수능(2점)

확인문제 03

두 행렬 $A=\begin{pmatrix}0&0\\1&1\end{pmatrix}$, $B=\begin{pmatrix}1&0\\1&1\end{pmatrix}$에 대하여 행렬 $2A+B$의 모든 성분의 합은?

① 10   ② 9   ③ 8   ④ 7   ⑤ 6

 **예제**

2011 수능(2점)

두 행렬 $A=\begin{pmatrix} 1 & -1 \\ 1 & 1 \end{pmatrix}$, $B=\begin{pmatrix} 1 & 1 \\ -1 & 1 \end{pmatrix}$에 대하여 행렬 $A(A+B)$의 모든 성분의 합은?

① 1 　　　 ② 2 　　　 ③ 3 　　　 ④ 4 　　　 ⑤ 5

풀이

 **핵심정리노트**

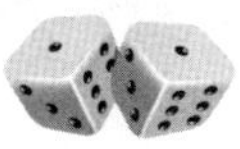

확인문제 01

두 행렬 $A = \begin{pmatrix} 3 & 0 \\ 0 & 3 \end{pmatrix}$, $B = \begin{pmatrix} -1 & 1 \\ 1 & 1 \end{pmatrix}$에 대하여 행렬 $AB+2B$이 모든 성분의 합은?

① 10   ② 8   ③ 6   ④ 4   ⑤ 2

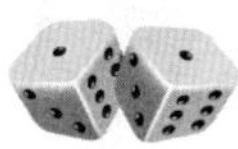

확인문제 02

두 행렬 $A = \begin{pmatrix} 2 & 1 \\ 1 & 1 \end{pmatrix}$, $B = \begin{pmatrix} -1 & -2 \\ 1 & 0 \end{pmatrix}$에 대하여 행렬 $(A+B)A$의 모든 성분의 합은?

① 9   ② 10   ③ 11   ④ 12   ⑤ 13

확인문제 03

이차정사각행렬 A의 (i, j)성분 a_{ij}가 $a_{ij} = i - j$ $(i = 1, 2, \ j = 1, 2)$이다.

행렬 $A + A^2 + A^3 + \cdots + A^{2010}$의 $(2, 1)$의 성분은?

① -2010 ② -1 ③ 0   ④ 1   ⑤ 2010

📢 예제

a, b, c는 서로 다른 한 자리의 자연수이다.

행렬 $M = \begin{pmatrix} a & b \\ c & 9 \end{pmatrix}$ 가 역행렬을 갖지 않을 때 a, b, c의 곱의 값을 구하시오.

✏️ 풀이

📖 핵심정리노트

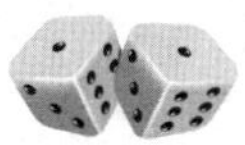 **확인문제 01**

수직선 위의 서로 다른 두 점 $A(a)$, $B(b)$에 대하여 선분 AB를 $2:1$로 내분하는 점과 외분하는 점을 각각 $P(c)$, $Q(d)$라 하자. 행렬 $\begin{pmatrix} a & b \\ c & d \end{pmatrix}$의 역행렬이 존재하지 않을 때, $\dfrac{b}{a}$의 값은?

① 2 ② $\dfrac{3}{2}$ ③ $\dfrac{3}{4}$ ④ $\dfrac{2}{3}$ ⑤ $\dfrac{1}{2}$

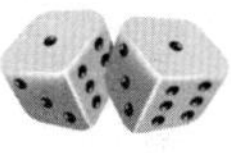 **확인문제 02**

두 양수 a, b에 대하여 $5^{\log b} = a^{2\log 5}$이고 행렬 $\begin{pmatrix} a & -1 \\ -b & 2 \end{pmatrix}$가 역행렬을 갖지 않을 때, ab의 값은?

① 8 ② 12 ③ 16 ④ 25 ⑤ 27

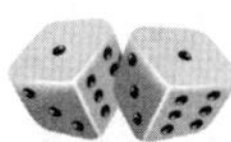 **확인문제 03**

자연수 a, b, c에 대하여 $A = \begin{pmatrix} a & 1 \\ b & c \end{pmatrix}$의 역행렬이 존재하지 않고, $1 + \cfrac{1}{a + \cfrac{1}{b + \cfrac{1}{7}}} = \dfrac{178}{121}$을

만족시킬 때, A^2의 모든 성분의 합을 구하시오.

🔊 예제

$A^2 - 3A + E = A - 2E$를 만족시키는 행렬 A의 역행렬은?(단, E는 단위행렬이다.)

① $-3(A-4E)$　　　② $-\dfrac{1}{3}(A-4E)$　　　③ $\dfrac{1}{4}(A-4E)$

④ $\dfrac{1}{3}(A+4E)$　　　⑤ $3(A+4E)$

✏️ 풀이

 핵심정리노트

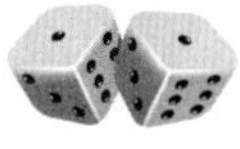 **확인문제 01**

이차정사각행렬 A가 $A^2+A=3E$를 만족할 때, $A-3E$의 역행렬은?(단, E는 단위행렬이다.)

① $\dfrac{1}{2}(A+3E)$　　　　② $\dfrac{1}{3}(A-3E)$　　　　③ $\dfrac{1}{3}(A+3E)$

④ $-\dfrac{1}{9}(A-4E)$　　　　⑤ $-\dfrac{1}{9}(A+4E)$

 **확인문제 02**

이차정사각행렬 A에 대하여 $A^4=O$일 때, 역행렬이 존재하는 것을 〈보기〉에서 모두 고른 것은?(단, E는 단위행렬이고 O는 영행렬이다.)

보기	ㄱ. $E-A$　　　　ㄴ. $E+A$　　　　ㄷ. $E+A^2$

① ㄱ　　　　② ㄱ, ㄴ　　　　③ ㄱ, ㄷ　　　　④ ㄴ, ㄷ　　　　⑤ ㄱ, ㄴ, ㄷ

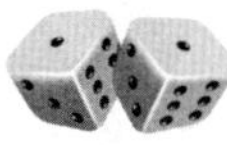 **확인문제 03**

이차정사각행렬 AB에 대하여 $AB=BA=E$, $A^2+B^2=O$가 성립할 때, 다음 중 $A-B$의 역행렬은?(단, E는 단위행렬이고, O는 영행렬이다.)

① $A+B$　　　　② $-2(A-B)$　　　　③ $-2(A+B)$

④ $\dfrac{1}{2}(A+B)$　　　　⑤ $-\dfrac{1}{2}(A-B)$

🔊 예제

2014 수능(4점)

x, y에 대한 연립일차방정식 $\begin{pmatrix} 5 & a \\ a & 3 \end{pmatrix}\begin{pmatrix} x \\ y \end{pmatrix} = \begin{pmatrix} x+5y \\ 6x+y \end{pmatrix}$ 가 $x=0$, $y=0$ 이외의 해를 갖도록 하는 모든 실수 a의 값의 합을 구하시오.

✏️ 풀이

 핵심정리노트

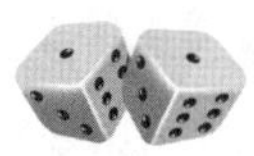

확인문제 01

x, y에 대한 연립방정식 $\begin{pmatrix} 4 & -1 \\ 1 & 2 \end{pmatrix}\begin{pmatrix} x \\ y \end{pmatrix} = k\begin{pmatrix} x \\ y \end{pmatrix}$가 무수히 많은 해를 가질 때,

이 연립방정식의 해를 $x=\alpha$, $y=\beta$라 하자. 다음 조건을 만족시키는 순서쌍 (α, β)의 개수를 구하시오.(단, k는 실수이다.)

(가) α, β는 모두 정수이다.	(나) $\alpha^2 + \beta^2 \leq 200$

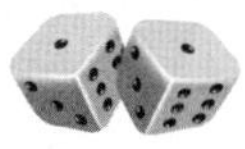

확인문제 02

두 정수 a, b가 다음 조건을 만족시킬 때, 순서쌍 (a, b)의 개수를 구하시오.

(가) $b \leq a+7$

(나) x, y에 대한 연립방정식 $\begin{pmatrix} a+1 & b \\ 1 & a+3 \end{pmatrix}\begin{pmatrix} x \\ y \end{pmatrix} = \begin{pmatrix} 2 \\ 1 \end{pmatrix}$이 해를 갖지 않는다.

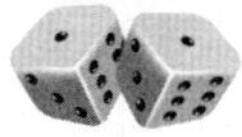

확인문제 03

x, y에 대한 연립방정식 $\begin{pmatrix} 5-\log_2 a & 2 \\ 3 & \log_2 a \end{pmatrix}\begin{pmatrix} x \\ y \end{pmatrix} = \begin{pmatrix} 0 \\ 0 \end{pmatrix}$이 $x=0$, $y=0$ 이외의 해를 갖도록

하는 모든 a값의 합은?

① 8   ② 10   ③ 12   ④ 16   ⑤ 20

📢 예제

2014 수능(3점)

그래프와 그 그래프의 각 꼭짓점 사이의 연결 관계를 나타내는 행렬이 다음과 같을 때, $a+b+c+d+e$의 값은?

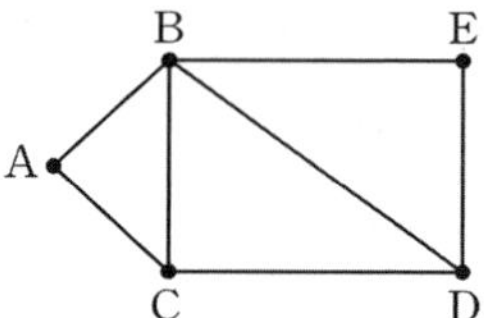

$$\begin{array}{c} \\ A \\ B \\ C \\ D \\ E \end{array} \begin{array}{c} A\ \ B\ \ C\ \ D\ \ E \\ \begin{pmatrix} 0 & 1 & 1 & 0 & a \\ 1 & 0 & 1 & b & 1 \\ 1 & 1 & c & 1 & 0 \\ 0 & d & 1 & 0 & 1 \\ e & 1 & 0 & 1 & 0 \end{pmatrix} \end{array}$$

① 1　　　② 2　　　③ 3　　　④ 4　　　⑤ 5

✏️ 풀이

💻 핵심정리노트

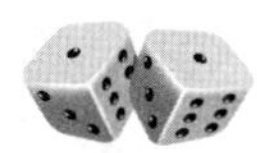 **확인문제 01**

다음 그래프의 각 꼭짓점 사이의 연결 관계를 나타내는 행렬의 성분 중
1 의 개수는?

① 8 　　　② 10 　　　③ 12

④ 14 　　　⑤ 16

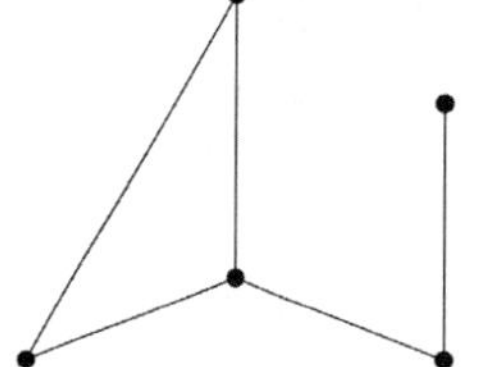

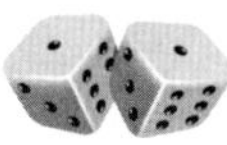 **확인문제 02**

그래프 G를 나타내는 행렬 M이 오른쪽과 같다.
그래프 G의 꼭짓점의 개수를 a, 변의 개수를 b라 할 때,
$a+b$의 값을 구하시오.

$$M = \begin{pmatrix} 0 & 1 & 1 & 1 & 1 \\ 1 & 0 & 1 & 1 & 1 \\ 1 & 1 & 0 & 1 & 0 \\ 1 & 1 & 1 & 0 & 1 \\ 1 & 1 & 0 & 1 & 0 \end{pmatrix}$$

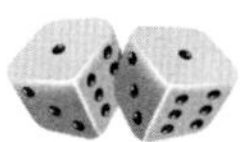 **확인문제 03**

어떤 그래프의 연결 관계를 나타내는 행렬이 오른쪽과 같다.
이 그래프의 꼭짓점의 개수를 a, 변의 개수를 b라 할 때,
$2a+b$의 값은?

$$\begin{pmatrix} 0 & 1 & 1 & 0 & 0 \\ 1 & 0 & 1 & 1 & 0 \\ 1 & 1 & 0 & 1 & 0 \\ 0 & 1 & 1 & 0 & 1 \\ 0 & 0 & 0 & 1 & 0 \end{pmatrix}$$

① 4 　　　② 8 　　　③ 12

④ 16 　　　⑤ 20

예제

2014 수능(4점)

두 이차정사각행렬 A, B가 $AB + A^2B = E$, $(A-E)^2 + B^2 = O$를 만족시킬 때, 〈보기〉에서 옳은 것만을 있는 대로 고른 것은?(단, E는 단위행렬이고, O는 영행렬이다.)

> **보기**
> ㄱ. B의 역행렬이 존재한다.　　　ㄴ. $AB = BA$　　ㄷ. $(A^3 - A)^2 + E = O$

① ㄴ　　　　　　② ㄷ　　　　　　③ ㄱ, ㄴ
④ ㄱ, ㄷ　　　　⑤ ㄱ, ㄴ, ㄷ

풀이

핵심정리노트

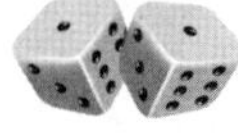

확인문제 01

두 이차정사각행렬 A, B가 $2A^2 + AB = E$, $AB + BA = 2A + E$를 만족시킬 때, 옳은 것만을 〈보기〉에서 있는 대로 고른 것은?(단, E는 단위행렬이다.)

보기

ㄱ. $A^{-1} = 2A + B$
ㄴ. $B = 2A + 2E$
ㄷ. $(B - E)^2 = O$ (단. O는 영행렬이다.)

① ㄴ   ② ㄷ   ③ ㄱ, ㄴ
④ ㄱ, ㄷ   ⑤ ㄱ, ㄴ, ㄷ

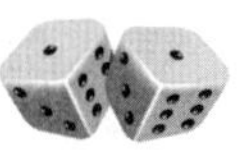

확인문제 02

이차정사각행렬 A가 $A^2 + E = O$을 만족시킬 때, 옳은 것만을 〈보기〉에서 있는 대로 고른 것은? (단, E는 단위행렬이고, O는 영행렬이다.)

보기

ㄱ. $A + A^{-1} = O$
ㄴ. $A^3 - E$의 역행렬이 존재한다.
ㄷ. 모든 실수 k에 대하여 $A + kE$의 역행렬이 존재한다.

① ㄱ   ② ㄱ, ㄴ   ③ ㄱ, ㄷ
④ ㄴ, ㄷ   ⑤ ㄱ, ㄴ, ㄷ

II. 지수함수와 로그함수

Lec.08 거듭제곱근의 계산

Lec.09 지수의 확장과 식의계산

Lec.10 지수법칙과 곱셈공식의 변형

Lec.11 지수법칙의 활용

Lec.12 지수함수

Lec.13 지수함수의 최대·최소

Lec.14 지수방정식

Lec.15 지수부등식

Lec.16 로그의 정의와 성질

Lec.17 로그의 활용

Lec.18 상용로그

Lec.19 로그함수

Lec.20 로그함수의 최대·최소

Lec.21 로그방정식

Lec.22 로그부등식

:::: 수능 기출 유형 분석 ::::

지수와 로그를 포함한 지수함수와 로그함수 단원은 수학영역 A형에서 매년 6~8문항 출제되고 있다. 먼저 수학영역 A형 1번 문항은 5년 이상 지속적으로 지수와 로그의 간단한 계산문제가 출제되고 있다. 배점 2점의 간단한 계산이므로 지수법칙과 로그의 성질을 잘 정리하여 반복해서 연습해 보는 것이 좋다. 그리고 지수·로그방정식, 지수·로그부등식 푸는 문제가 2문항 정도 출제되고 있다. 복잡하지 않고 기본적인 간단한 형태이긴 하지만 매년 출제되고 있으므로 다양한 지수·로그방정식, 지수·로그부등식을 자유자재로 풀어낼 수 있도록 준비하는 것이 필요하다.

지수함수와 로그함수의 그래프와 관련하여 평행이동, 대칭이동, 교점 등과 관련된 문제가 출제되고 있으며 이는 지수함수와 로그함수의 그래프의 특징을 알고 함수의 그래프를 정확히 그려서 문제해결 실마리를 찾는데 초점을 두어야할 것이다.

지수 또는 로그의 식을 이용한 수학 외적 문항은 2009 수능을 제외하고 거의 매년 출제되는 유형이라 할 수 있겠다. 이러한 유형의 문항은 문항에서 수학 외적인 환경에 대한 설명이 상당히 길고, 결국 중요한 것은 지수 또는 로그를 이용한 식이다. 따라서 앞의 부연 설명은 대강 읽고, 문항에서 주어진 식을 정확히 분석하여 각 미지수에 값을 정확히 대입하여 계산을 정확히 하면 쉽게 풀 수 있는 유형의 문항이다.

문항의 길이가 길고, 문항에서 부연 설명이 많아서 문항에 대한 두려움을 갖지 말고, 중요한 키가 되는 식만을 정확히 분석한다면 그렇게 어렵지 않은 문항이라는 것을 꼭 기억해 두자.

예제

$$^3\sqrt{2} \times {}^6\sqrt{16}$$ 을 간단히 하면?

① 2　　　　② 4　　　　③ $\sqrt{2}$　　　　④ $2\sqrt{2}$　　　　⑤ $2^3\sqrt{2}$

풀이

 핵심정리노트

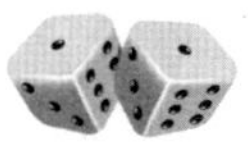 **확인문제 01**

$a > 0$, $a \neq 1$에 대하여 $\left\{ \dfrac{\sqrt{a^3}}{\sqrt{\sqrt[3]{a^4}}} \times \sqrt{\left(\dfrac{1}{a}\right)^{-4}} \right\}^6 = a^k$일 때, 상수 k의 값을 구하시오.

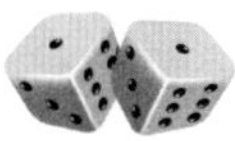 **확인문제 02**

$a = \sqrt{2}$, $b^3 = \sqrt{3}$ 일 때, $(ab)^2$의 값은?(단, b는 실수이다.)

① $2 \cdot 3^{\frac{1}{3}}$　　　　　② $2^{\frac{2}{3}} \cdot 3$　　　　　③ $2^{\frac{1}{2}} \cdot 3^{\frac{2}{3}}$

④ $3 \cdot 2^{\frac{1}{3}}$　　　　　⑤ $3 \cdot 2^{\frac{1}{2}}$

 **확인문제 03**

세 수 $A = \sqrt{3\sqrt[3]{4}}$, $B = \sqrt[3]{4\sqrt{3}}$, $C = \sqrt{\sqrt{12}}$ 의 대소 관계로 옳은 것은?

① $A < B < C$　　　　② $B < A < C$　　　　③ $B < C < A$
④ $C < A < B$　　　　⑤ $C < B < A$

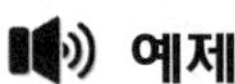 **예제**

2014 수능(2점)

$8^{\frac{2}{3}} \times 9^{\frac{1}{2}}$ 의 값은?

① 12　　　② 10　　　③ 8　　　④ 6　　　⑤ 4

✏️ **풀이**

💻 **핵심정리노트**

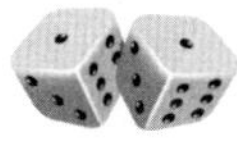 **확인문제 01**

$5^{\frac{2}{3}} \times 25^{-\frac{5}{6}}$ 의 값은?

① $\dfrac{1}{25}$ ② $\dfrac{1}{5}$ ③ 1 ④ 5 ⑤ 25

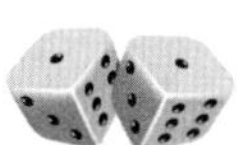 **확인문제 02**

$4^x = 2^y$ 을 만족하는 0이 아닌 두 실수 x, y에 대하여, $\dfrac{y}{x} + \dfrac{2x}{y}$ 의 값은?

① 1 ② 2 ③ 3 ④ 4 ⑤ 5

확인문제 03

실수 a, b에 대하여 $3^a = 12^b = 6$이 성립할 때, $\dfrac{1}{a} + \dfrac{1}{b}$ 의 값은?

① 2 ② $\dfrac{5}{3}$ ③ $\dfrac{4}{3}$ ④ 1 ⑤ $\dfrac{2}{3}$

🔊 예제

실수 a 가 $\dfrac{2^a+2^{-a}}{2^a-2^{-a}}=-2$ 를 만족시킬 때, 4^a+4^{-a} 의 값은?

① $\dfrac{5}{2}$
② $\dfrac{10}{3}$
③ $\dfrac{17}{4}$
④ $\dfrac{26}{5}$
⑤ $\dfrac{37}{6}$

✏️ 풀이

 핵심정리노트

 **확인문제 01**

$x + x^{-1} = 3$일 때, $x^{\frac{3}{2}} + x^{-\frac{3}{2}}$의 값은?

① $\sqrt{3}$　　　② $2\sqrt{3}$　　　③ 4　　　④ $3\sqrt{2}$　　　⑤ $2\sqrt{5}$

 **확인문제 02**

$x = 2^{\frac{1}{4}} + 2^{-\frac{1}{4}}$일 때, $\sqrt{x^2 - 4} + x$의 값은?

① $2^{\frac{1}{4}}$　　　② $2^{\frac{3}{4}}$　　　③ $2^{\frac{5}{4}}$　　　④ $2^{\frac{7}{4}}$　　　⑤ $2^{\frac{9}{4}}$

 **확인문제 03**

$x = \sqrt[4]{2} - \dfrac{1}{\sqrt[4]{2}}$일 때, $\sqrt{x^2 + 4}$의 값은?

① $\sqrt{2} - \dfrac{1}{\sqrt{2}}$　　　② $\sqrt{2} + \dfrac{1}{\sqrt{2}}$　　　③ $\sqrt[4]{2} - \dfrac{1}{\sqrt[4]{2}}$

④ $\sqrt[4]{2} + \dfrac{1}{\sqrt[4]{2}}$　　　⑤ $\sqrt[8]{2} + \dfrac{1}{\sqrt[8]{2}}$

🔊 예제

세 양수 a, b, c에 대하여 $a^6 = 3$, $b^5 = 7$, $c^2 = 11$일 때, $(abc)^n$이 자연수가 되는 최소의 자연수 n의 값을 구하시오.

✏️ 풀이

 핵심정리노트

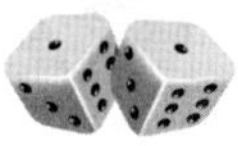 **확인문제 01**

조개류는 현탁물을 여과한다. 수온이 $t(℃)$이고 개체중량이 $\omega(g)$일 때, A조개와 B조개가 1시간 동안 여과하는 양(L)을 각각 Q_A, Q_B라고 하면 다음과 같은 관계식이 성립한다고 한다.

$$Q_A = 0.01t^{1.25}\omega^{0.25}, \qquad Q_B = 0.05t^{0.75}\omega^{0.30}$$

수온이 $20℃$이고 A조개와 B조개의 개체중량이 각각 $8g$일 때, $\dfrac{Q_A}{Q_B}$의 값은 $2^a \times 5^b$이다. $a+b$의 값은?(단, a, b는 유리수이다.)

① 0.15　　② 0.35　　③ 0.55　　④ 0.75　　⑤ 0.95

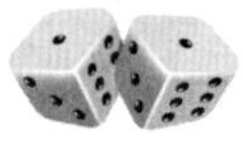 **확인문제 02**

원기둥 모양의 수도관에서 단면인 원의 넓이를 S, 원의 둘레의 길이를 L이라 하고, 수도관의 기울기를 I라 하자. 이 수도관에서 물이 가득 찬 상태로 흐를 때 물의 속력을 v라 하면

$$v = c\left(\frac{S}{L}\right)^{\frac{2}{3}} \cdot I^{\frac{1}{2}} \quad (\text{단, } c\text{는 상수이다.})$$

이 성립한다고 한다. 단면인 원의 반지름의 길이가 각각 a, b인 원기둥 모양의 두 수도관 A, B 에서 물이 가득 찬 상태로 흐르고 있다. 두 수도관 A, B의 기울기가 각각 0.01, 0.04이고, 흐르는 물의 속력을 각각 v_A, v_B라고 하자. $\dfrac{v_A}{v_B} = 2$일 때, $\dfrac{a}{b}$의 값은?

(단, 두 수도관 A, B에 대한 상수 c의 값은 서로 같다.)

① 4　　② $4\sqrt{2}$　　③ 8　　④ $8\sqrt{2}$　　⑤ 16

🔊 예제

그림과 같이 함수 $y = 2^x$ 의 그래프 위의 한 점 A 를 지나고 x 축에 평행한 직선이 함수 $y = 15 \cdot 2^{-x}$ 의 그래프와 만나는 점을 B 라 하자. 점 A 의 x 좌표를 a 라 할 때, $1 < \overline{AB} < 100$ 을 만족시키는 2 이상의 자연수 a 의 개수는?

① 40   ② 43   ③ 46

④ 49   ⑤ 52

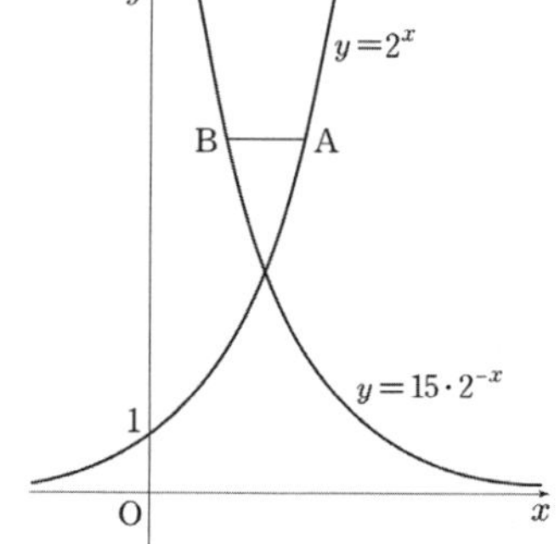

✏️ 풀이

 핵심정리노트

 **확인문제 01**

지수함수 $f(x) = a^{x-m}$의 그래프와 그 역함수의 그래프가 두 점에서 만나고, 두 교점의 x좌표가 1과 3일 때, $a+m$의 값은?

① $2 - \sqrt{3}$ ② 2 ③ $1 + \sqrt{3}$
④ 3 ⑤ $2 + \sqrt{3}$

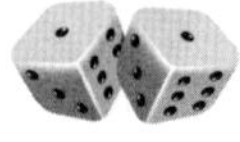 **확인문제 02**

지수함수 $y = a^x$의 그래프가 두 점 $(2, 9)$, $(-2, b)$를 지날 때, $9ab$의 값은?
(단, $a > 0$, $a \neq 1$)

① $\dfrac{1}{9}$ ② $\dfrac{1}{3}$ ③ 1 ④ 3 ⑤ 9

 **확인문제 03**

지수함수 $f(x) = a^x \,(a > 1)$의 그래프를 y축에 대하여 대칭이동시킨 후 y축의 방향으로 -12만큼 평행이동하면 함수 $y = g(x)$의 그래프와 일치한다. 함수 $y = f(x)$의 그래프가 점 $(4, 8)$을 지날 때, $g(-8)$의 값은?

① 32 ② 36 ③ 44 ④ 52 ⑤ 60

 예제

정의역이 $\{x \mid -1 \leq x \leq 3\}$인 두 지수함수 $f(x) = 4^x$, $g(x) = \left(\dfrac{1}{2}\right)^x$에 대하여 $f(x)$의 최댓값을 M, $g(x)$의 최솟값을 m이라 할 때, Mm의 값은?

① 8   ② 6   ③ 4   ④ 2   ⑤ 1

풀이

 핵심정리노트

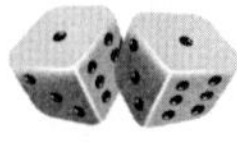 **확인문제 01**

$0 \leqq x \leqq 3$에서 함수 $f(x) = 2^{-x^2 + 4x + a}$의 최솟값이 4일 때, $f(x)$의 최댓값을 구하시오.
(단, a는 상수이다.)

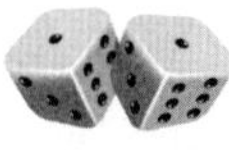 **확인문제 02**

함수 $f(x) = (2^{x-2} + 2^{-x})^2 - (2^x + 2^{2-x}) + k$의 최솟값이 4일 때, 상수 k의 값은?
① 6 ② 8 ③ 10 ④ 12 ⑤ 14

확인문제 03

함수 $y = 3^x$의 그래프 위의 점 $P(\alpha, 3^\alpha)$과 함수 $y = -3^{-x}$의 그래프 위의 점 $Q(\beta, -3^{-\beta})$에 대하여 $\beta - \alpha = 4$가 성립한다. 그림과 같이 두 점 P, Q를 지나고 x축, y축과 평행한 직선을 그려 만들어지는 직사각형의 넓이의 최솟값은?

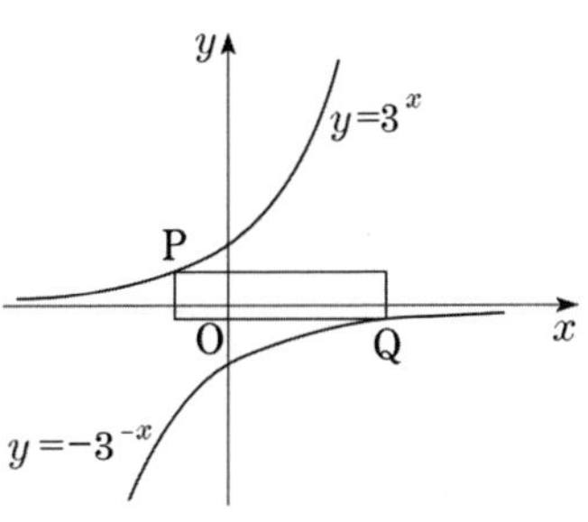

① $\dfrac{2}{9}$ ② $\dfrac{2\sqrt{2}}{9}$ ③ $\dfrac{4}{9}$

④ $\dfrac{4\sqrt{2}}{9}$ ⑤ $\dfrac{8}{9}$

🔊 예제

지수방정식 $\dfrac{16^x}{2} = 2^{x+3}$ 을 만족시키는 x의 값은?

① $\dfrac{1}{3}$　　② $\dfrac{2}{3}$　　③ 1　　④ $\dfrac{4}{3}$　　⑤ $\dfrac{5}{3}$

✏️ 풀이

 **핵심정리노트**

 **확인문제 01**

방정식 $4^x - 7 \cdot 2^x + 12 = 0$의 두 근을 α, β라 할 때, $2^{2\alpha} + 2^{2\beta}$의 값을 구하시오.

2010 수능(3점)

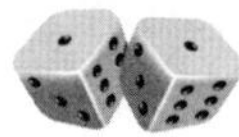 **확인문제 02**

지수 방정식 $2^x + 2^{2-x} = 5$ 의 모든 실근의 합은?

① -2 　　　② -1 　　　③ 0 　　　④ 1 　　　⑤ 2

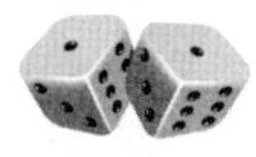 **확인문제 03**

지수방정식 $4^x - 3 \cdot 2^{x+2} + k = 0$의 두 근을 α, β라 할 때, $\alpha < \beta$이고 $\alpha + \beta = 5$이다. $2^{3\alpha} + 2^{2\beta}$의 값은? (단, k는 상수이다.)

① 112 　　　② 116 　　　③ 120 　　　④ 124 　　　⑤ 128

🔊 예제

2011 수능(3점)

지수부등식 $(3^x - 5)(3^x - 100) < 0$ 을 만족시키는 모든 자연수 x의 값의 합은?

① 5   ② 7   ③ 9   ④ 11   ⑤ 13

✏️ 풀이

📖 핵심정리노트

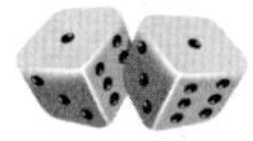 **확인문제 01**

부등식 $\left(\dfrac{1}{9}\right)^{x-1} - 3^{2-x} - 54 > 0$의 해는?

① $x < -1$ ② $x > -1$ ③ $-1 < x < 2$

④ $1 < x < 2$ ⑤ $x > 2$

확인문제 02

집합 $A = \left\{ x \,\middle|\, \left(\dfrac{1}{4}\right)^{x^2} > \left(\dfrac{1}{2}\right)^{7x-5} \right\}$, $B = \left\{ x \,\middle|\, 2^a > 2^{x(x-a+1)} \right\}$ 에 대하여

$A \subset B$이기 위한 실수 a의 최솟값은?

① 2 ② $\dfrac{5}{2}$ ③ 3 ④ $\dfrac{7}{2}$ ⑤ 4

예제

2013 수능(2점)

$\log_2 40 - \log_2 5$의 값은?

① 1　　　② 2　　　③ 3　　　④ 4　　　⑤ 5

풀이

핵심정리노트

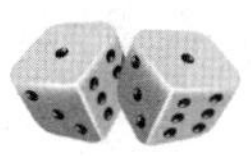 **확인문제 01**

$a = \log_2 10$, $b = 2\sqrt{2}$ 일 때, $a \log b$ 의 값은?

① 1 ② $\dfrac{3}{2}$ ③ 2 ④ $\dfrac{5}{2}$ ⑤ 3

 **확인문제 02**

$\log_{(x-3)}(-x^2+11x-24)$가 정의되기 위한 모든 정수 x의 합을 구하시오.

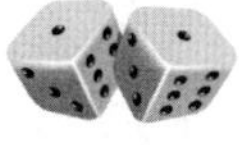 **확인문제 03**

실수 a 의 값에 관계없이 로그가 정의될 수 있는 것을 〈보기〉에서 모두 고른 것은?

보기 ㄱ. $\log_{a^2-a+2}(a^2+1)$ ㄴ. $\log_{2|a|+1}(a^2+1)$ ㄷ. $\log_{a^2+2}(a^2-2a+1)$

① ㄱ ② ㄱ, ㄴ ③ ㄱ, ㄷ
④ ㄴ, ㄷ ⑤ ㄱ, ㄴ, ㄷ

◉)) 예제

2014 수능(3점)

단면의 반지름의 길이가 $R(R < 1)$인 원기둥 모양의 어느 급수관에 물이 가득 차 흐르고 있다. 이 급수관의 단면의 중심에서의 물의 속력을 v_c, 급수관의 벽면으로부터 중심 방향으로 $x(0 < x \leq R)$만큼 떨어진 지점에서의 물의 속력을 v라 하면 다음과 같은 관계식이 성립한다고 한다.

$$\frac{v_c}{v} = 1 = k \log \frac{x}{R}$$

(단, k는 양의 상수이고, 길이의 단위는 m, 속력의 단위는 m/초이다.)

$R < 1$인 이 급수관의 벽면으로부터 중심 방향으로 $R^{\frac{27}{23}}$만큼 떨어진 지점에서의 물의 속력이 중심에서의 물의 속력의 $\frac{1}{2}$일 때, 급수관의 벽면으로부터 중심 방향으로 R^a만큼 떨어진 지점에서의 물의 속력이 중심에서의 물의 속력의 $\frac{1}{3}$이다. a의 값은?

① $\dfrac{39}{23}$ ② $\dfrac{37}{23}$ ③ $\dfrac{35}{23}$ ④ $\dfrac{33}{23}$ ⑤ $\dfrac{31}{23}$

✎ 풀이

🖥 핵심정리노트

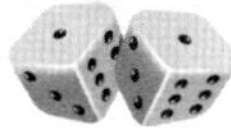 **확인문제 01**

누에나방 암컷은 페로몬을 분비하여 수컷을 유인한다. 누에나방 암컷이 페로몬을 분비한 후 t 초가 지났을 때 분비한 곳으로부터 거리가 x 인 곳에서 측정한 페로몬의 농도 y 는 다음 식을 만족시킨다고 한다.

$$\log y = A - \frac{1}{2}\log t - \frac{Kx^2}{t} \quad (\text{단, } A \text{ 와 } K \text{는 양의 상수이다.})$$

누에나방 암컷이 페로몬을 분비한 후 1 초가 지났을 때 분비한 곳으로부터 거리가 2 인 곳에서 측정한 페로몬의 농도는 a 이고, 분비한 후 4 초가 지났을 때 분비한 곳으로부터 거리가 d 인 곳에서 측정한 페로몬의 농도는 $\dfrac{a}{2}$ 이다. d 의 값은?

① 7   ② 6   ③ 5   ④ 4   ⑤ 3

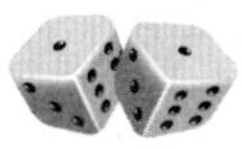 **확인문제 02**

어느 무선 시스템에서 송신기와 수신기 사이의 거리 R와 수신기의 수신 전력 S 사이에는 다음과 같은 관계식이 성립한다고 한다.

$$S = P - 20\log\left(\frac{4\pi fR}{c}\right)$$

(단, P는 송신기의 송신 전력, f와 c는 각각 주파수와 빛의 속도를 나타내는 상수이고,
거리의 단위는 m, 송·수신 전력의 단위는 dBm이다.)

어느 실험실에서 송신기의 위치를 고정하고 송신기와 수신기 사이의 거리에 따른 수신 전력의 변화를 측정하였다. 그 결과 두 지점 A, B에서 측정한 수신 전력이 각각 -25, -5로 나타났다.

두 지점 A, B에서 송신기까지의 거리를 각각 R_A, R_B라 할 때, $\dfrac{R_A}{R_B}$ 의 값은?

① $\dfrac{1}{100}$ ② $\dfrac{1}{10}$ ③ $\sqrt{10}$ ④ 10   ⑤ 100

예제

2012 수능(4점)

양수 x 에 대하여 $\log x$ 의 지표와 가수를 각각 $f(x)$, $g(x)$ 라 하자.
두 부등식 $f(n) \leq f(54)$, $g(n) \leq g(54)$ 를 만족시키는 자연수 n 의 개수는?

① 42　　　② 44　　　③ 46　　　④ 48　　　⑤ 50

풀이

핵심정리노트

 **확인문제 01**

자연수 A에 대하여 $\log A$의 지표를 n, 가수를 α라 할 때, $n \leq 2\alpha$가 성립하도록 하는 A의 개수를 구하시오.(단, $3.1 < \sqrt{10} < 3.2$)

 **확인문제 02**

자연수 n에 대하여 $\log n$의 가수를 $f(n)$이라 할 때,
집합 $A = \{f(n) \mid 1 \leq n \leq 150,\ n$은 자연수$\}$의 원소의 개수는?

① 131   ② 133   ③ 135   ④ 137   ⑤ 139

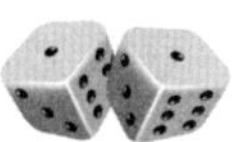 **확인문제 03**

$\log x$의 지표와 가수를 각각 $f(x)$, $g(x)$라 하자. 실수 M이 다음 조건을 만족시킨다.

(가) $10 \leq M < 100$	(나) $f(M^2) = f(M) + 1$	(다) $g(M^2) = 1 - g(M)$

$36 \log M$의 값을 구하시오.

📢 예제

곡선 $y = \log_2(ax+b)$가 점 $(-1,\ 0)$과 점 $(0,\ 2)$를 지날 때, 두 상수 a, b의 합 $a+b$의 값은?

① 5   ② 7   ③ 9

④ 11   ⑤ 13

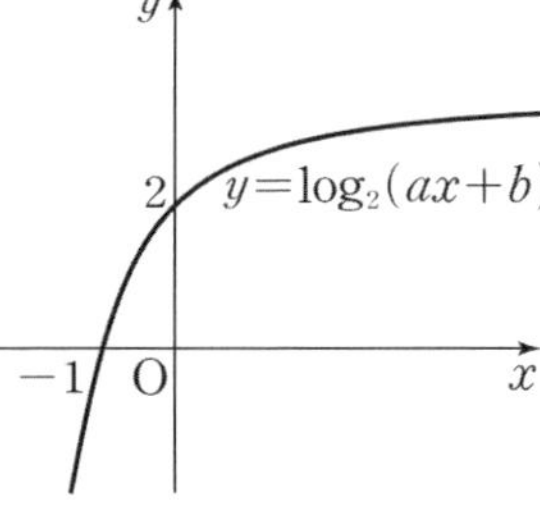

✏️ 풀이

 핵심정리노트

 **확인문제 01**

$y = \log_2 x$의 그래프를 x축의 방향으로 m만큼 평행이동시킨 그래프와 y축의 방향으로 n만큼 평행이동시킨 그래프가 점 $(1, 3)$에서 만날 때, $m+n$의 값은?

① -4 ② -3 ③ -2 ④ -1 ⑤ 0

확인문제 02

곡선 $y = 2^x - 1$ 위의 점 $\mathrm{A}(2,\ 3)$을 지나고 기울기가 -1인 직선이 곡선 $y = \log_2(x+1)$과 만나는 점을 B라 하자. 두 점 A, B에서 x축에 내린 수선의 발을 각각 C, D라 할 때, 사각형 ACDB의 넓이는?

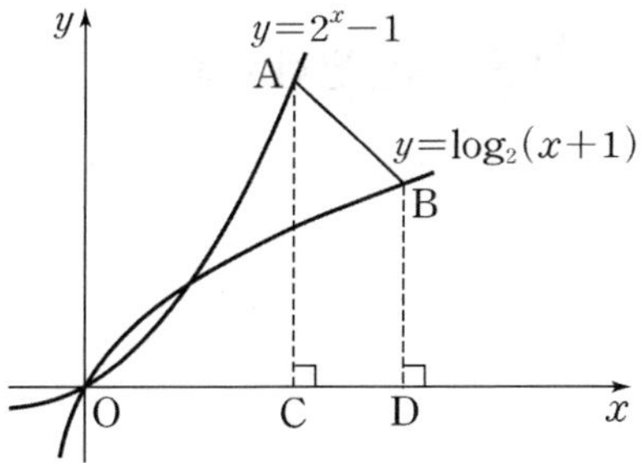

① $\dfrac{5}{2}$ ② $\dfrac{11}{4}$ ③ 3

④ $\dfrac{13}{4}$ ⑤ $\dfrac{7}{2}$

 **예제**

함수 $y = 3 + \log_3 (x^2 - 4x + 31)$ 의 최솟값은?

① 4 ② 5 ③ 6 ④ 7 ⑤ 8

 **풀이**

핵심정리노트

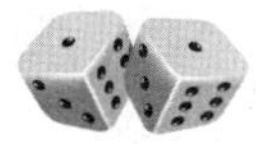 **확인문제 01**

정의역이 $\{x \mid 1 \le x \le 81\}$인 함수 $y = (\log_3 x)(\log_{\frac{1}{3}} x) + 2\log_3 x + 10$의 최댓값을 M, 최솟값을 m이라 할 때, M+m의 값을 구하시오.

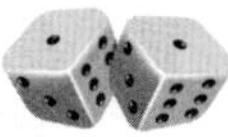 **확인문제 02**

A$(3, -1)$, B$(5, -1)$, C$(5, 2)$, D$(3, 2)$를 연결하여 만든 직사각형이 있다. 로그함수 $y = \log_a (x-1) - 4$가 직사각형 ABCD와 만나기 위한 a의 최댓값을 M, 최솟값을 N이라 할 때, $\left(\dfrac{M}{N}\right)^{12}$의 값을 구하시오.

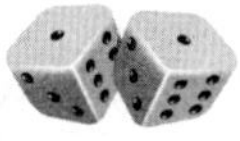 **확인문제 03**

$\dfrac{1}{3} \le x \le 3$에서 정의된 함수 $f(x) = 9x^{-2 + \log_3 x}$의 최댓값을 M, 최솟값을 m이라 할 때, $M+m$의 값을 구하시오.

 예제

2011 수능(2점)

로그방정식 $\log_3(x-4)=\log_9(5x+4)$의 근을 α라 할 때, α의 값을 구하시오.

풀이

핵심정리노트

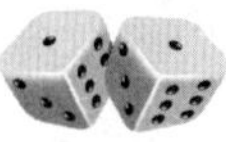 **확인문제 01**

로그방정식 $\log_2 (x-1)^2 = 4\log_2 \sqrt{10}$ 을 만족시키는 양수 x의 값을 구하여라.

확인문제 02

로그방정식 $\log_3 x - 4\log_x 3 + 3 = 0$의 두 근을 α, β라 할 때, $\alpha\beta$의 값은? (단, $x > 0$, $x \neq 1$)

① 3^{-2} ② 3^{-3} ③ 3^{-4} ④ 3^{-5} ⑤ 3^{-6}

확인문제 03

연립방정식 $\begin{cases} |x| + |y| = 2 \\ \log_3 x + \log_3 y = (\log_3 xy)^2 \end{cases}$ 을 만족하는 두 실수 x, y 의 순서쌍 (x, y) 의 개수는?

① 0 ② 1 ③ 2 ④ 3 ⑤ 4

 예제

2010 수능(3점)

로그부등식 $\log_2 x \leq \log_4 (12x+28)$을 만족시키는 자연수 x의 개수를 구하시오.

 풀이

핵심정리노트

확인문제 01

로그부등식 $\log_{10}(x^2-x-2) \leqq 1$ 을 만족하는 정수 x의 개수를 구하시오.

확인문제 02

로그부등식 $\log_2(7-x)+\log_2(7+x) > 4$를 만족시키는 정수 x의 개수를 구하여라.

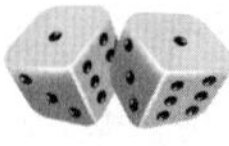

확인문제 03

로그부등식 $\log_{\frac{1}{3}}(x-1) > -2$의 해가 $\alpha < x < \beta$일 때, $\alpha+\beta$의 값은?

① 8   ② 9   ③ 10   ④ 11   ⑤ 12

Ⅲ. 수열 및 수열의 극한

Lec.23 등차수열

Lec.24 등차수열의 합

Lec.25 등비수열

Lec.26 등비수열의 합

Lec.27 합의 기호의 성질과 계산

Lec.28 계차수열

Lec.29 여러 가지 수열

Lec.30 수학적 귀납법

Lec.31 점화식

Lec.32 순서도

Lec.33 수열의 극한값의 계산

Lec.34 수열의 극한의 성질

Lec.35 무한급수의 수렴과 발산

Lec.36 무한급수의 활용

수열 단원은 매년 문제가 출제될 정도로 다른 단원에 비해 출제 비율이 높은 단원이며, 극한과도 연결되어 있어 고난이도 문제가 자주 출제되고 있다. 등차수열과 등비수열에 대한 기본적인 문제가 매년 빠지지 않고 출제되고, 수학적 귀납법에 대한 증명 문제도 매년 거의 빠지지 않고 출제되고 있다. 특히 수학적 귀납법에 대한 증명문제는 다루는 주제가 여러 영역에 걸쳐 출제되는 추세라 그 원리를 충분히 이해해 두어 응용이 가능하게 연습하여야 한다. 또한 도형 또는 수에 대한 규칙성을 응용하는 높은 배점의 문제도 자주 출제되고 있는데, 이러한 문제는 몇 개의 항을 직접 구하는 방법 등을 이용하여 그 규칙성을 발견하는 것이 핵심이므로 여러 문제 등을 통해 연습해 두어야 한다. 원리합계를 이용하는 일정비율의 문제, 순서도, 귀납적 정의를 이용하여 일반항을 찾는 문제도 대비해 두어야 한다.

수열의 극한 단원에서는 간단한 수열의 극한값이나 무한등비급수의 합을 구할 수 있어야 하고, 수열의 극한값의 성질, 무한급수의 성질 및 수렴조건에 관련된 개념을 정확히 이해하고 있어야 한다. 또한 다양한 그림이나 그래프에 관련된 수열의 극한값, 도형과 관련된 무한급수의 활용에 관한 문제의 출제 빈도가 높으므로 여러 문제를 통하여 연습하고 풀이 알고리즘을 잘 익혀두어야 한다.

수능에서도 기존 문제 유형의 출제가능성이 높으므로 기출문제를 반드시 분석해 보고, 수열 및 수열의 극한에 대한 정확한 개념 이해와 다양한 유형의 문제해결을 통해 실전에 대비하도록 한다.

🔊 예제

2010 수능(3점)

등차수열 $\{a_n\}$이 $a_2 + a_4 = 8$, $a_7 = 52$를 만족시킬 때, 공차를 구하시오.

✏️ 풀이

📋 핵심정리노트

 **확인문제 01**

공차가 6인 등차수열 $\{a_n\}$에 대하여 $|a_2-3|=|a_3-3|$일 때, a_5의 값은?

① 15   ② 18   ③ 21   ④ 24   ⑤ 27

 **확인문제 02**

공차가 2인 등차수열 $\{a_n\}$에 대하여 $a_1+a_5+a_9=45$일 때, a_1+a_{10}의 값을 구하시오.

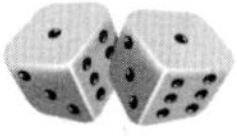 **확인문제 03**

등차수열 $\{a_n\}$이 $a_2=3$, $a_5=24$일 때, a_7의 값을 구하시오.

🔊 예제

2014 수능(3점)

첫째항이 6이고 공차가 d인 등차수열 $\{a_n\}$의 첫째항부터 제 n항까지의 합을 S_n이라 할 때, $\dfrac{a_8 - a_6}{S_8 - a_6} = 2$가 성립한다. d의 값은?

① -1 ② -2 ③ -3 ④ -4 ⑤ -5

✏️ 풀이

핵심정리노트

 **확인문제 01**

첫째항이 -5 이고 공차가 2 인 등차수열 $\{a_n\}$ 에 대하여 $\displaystyle\sum_{k=11}^{20} a_k$ 의 값은?

① 260　　② 255　　③ 250　　④ 245　　⑤ 240

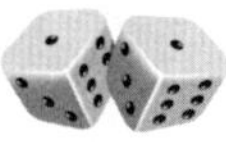 **확인문제 02**

수열 $\{a_n\}$ 이 모든 자연수 n에 대하여 $2a_{n+1}=a_n+a_{n+2}$를 만족시킨다. $a_2=-1$, $a_3=2$일 때, 수열 $\{a_n\}$의 첫째항부터 제 10항까지의 합은?

① 95　　② 90　　③ 85　　④ 80　　⑤ 75

 **확인문제 03**

수열 $\{a_n\}$ 의 첫째항부터 제 n 항까지의 합 S_n 이 $S_n=2n^2+3n$ 일 때, a_{10} 은?

① 11　　② 21　　③ 31　　④ 41　　⑤ 51

예제

수열 $\{a_n\}$에서 $a_1 = 1$, $a_2 = 4$, $a_3 = 10$이고, 수열 $\{a_{n+1} - a_n\}$은 등비수열일 때, a_5의 값을 구하시오.

풀이

핵심정리노트

 **확인문제 01**

세 양수 a, b, c가 이 순서대로 공비가 r인 등비수열을 이루고 $a+b=4$, $a+b+c=13$을 만족시킬 때, 공비 r의 값은?

① $\dfrac{3}{2}$ ② 2 ③ $\dfrac{5}{2}$ ④ 3 ⑤ $\dfrac{7}{2}$

 **확인문제 02**

등비수열 $\{a_n\}$에 대하여 $a_3=2$, $a_6=16$일 때, a_9의 값을 구하시오.

2012 수능(4점)

 **확인문제 03**

세 수 a, $a+b$, $2a-b$는 이 순서대로 등차수열을 이루고, 세 수 1, $a-1$, $3b+1$은 이 순서대로 공비가 양수인 등비수열을 이룬다. a^2+b^2의 값을 구하시오.

🔊 예제

2010 수능(4점)

등비수열 $\{a_n\}$이 $a_2 = \dfrac{1}{2}$, $a_5 = \dfrac{1}{6}$ 을 만족시킨다.

$\displaystyle\sum_{n=1}^{\infty} a_n a_{n+1} a_{n+2} = \dfrac{q}{p}$ 일 때, $p+q$의 값을 구하시오.(단, p, q는 서로소인 자연수이다.)

✏️ 풀이

핵심정리노트

확인문제 01

수열 $\{a_n\}$에서 첫째항부터 제 n항까지의 합 S_n이 $S_n = 5(2^n - 1)\ (n = 1, 2, 3, \cdots)$ 을 만족시킬 때, a_7의 값은?

① 315　　② 320　　③ 325　　④ 330　　⑤ 335

확인문제 02

등비수열 $\{a_n\}$에서 첫째항부터 제 5항까지의 합이 $\dfrac{31}{2}$이고 곱이 32일 때,

$\dfrac{1}{a_1} + \dfrac{1}{a_2} + \dfrac{1}{a_3} + \dfrac{1}{a_4} + \dfrac{1}{a_5}$ 의 값은?

① $\dfrac{31}{4}$　　② $\dfrac{31}{8}$　　③ $\dfrac{31}{12}$　　④ $\dfrac{8}{31}$　　⑤ $\dfrac{4}{31}$

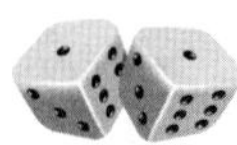

확인문제 03

첫째항이 1, 공비가 3인 등비수열 $\{a_n\}$에서 첫째항부터 제 n항까지의 합을 S_n이라 하자. 수열 $\{S_n + p\}$가 등비수열을 이루도록 하는 상수 p의 값은?

① 1　　② $\dfrac{1}{2}$　　③ $\dfrac{1}{3}$　　④ $\dfrac{1}{4}$　　⑤ $\dfrac{1}{5}$

🔊 예제

2011 수능(4점)

수열 $\{a_n\}$이 모든 자연수 n에 대하여 $\displaystyle\sum_{k=1}^{n} a_k = \log\frac{(n+1)(n+2)}{2}$ 를 만족시킨다.

$\displaystyle\sum_{k=1}^{20} a_{2k} = p$라 할 때, 10^p의 값을 구하시오.

✏️ 풀이

💻 핵심정리노트

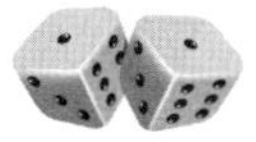

확인문제 01

$$\sum_{k=1}^{12} k^2 + \sum_{k=2}^{12} k^2 + \sum_{k=3}^{12} k^2 + \cdots + \sum_{k=12}^{12} k^2 \text{의 값은?}$$

① 3376   ② 4356   ③ 5324   ④ 5840   ⑤ 6084

2011 수능(4점)

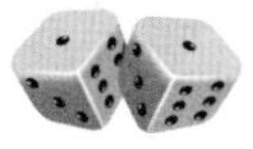

확인문제 02

2이상의 자연수 n에 대하여 집합 $\{3^{2k-1} \mid k$는 자연수, $1 \le k \le n\}$의 서로 다른 두 원소를 곱하여 나올 수 있는 모든 값만을 원소로 하는 집합을 S라 하고, S의 원소의 개수를 $f(n)$이라 하자. 예를 들어, $f(4)=5$이다. 이때, $\displaystyle\sum_{n=2}^{11} f(n)$의 값을 구하시오.

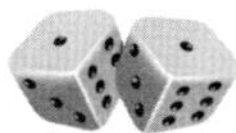

확인문제 03

첫째항이 0이고 공차가 0이 아닌 등차수열 $\{a_n\}$에 대하여 수열 $\{b_n\}$이 $a_{n+1}b_n = \displaystyle\sum_{k=1}^{n} a_k$를 만족시킬 때, b_{27}의 값을 구하시오.

🔊 예제

수열 $\{a_n\}$의 계차수열을 $\{b_n\}$이라 하자.

$b_n = 2n - 1 \ (n = 1, \ 2, \ 3, \ \cdots)$ 일 때, $a_{10} - a_1$의 값은?

① 81 ② 83 ③ 85 ④ 87 ⑤ 89

✏️ 풀이

📖 핵심정리노트

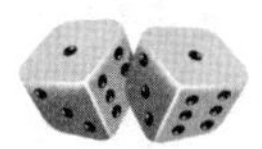 **확인문제 01**

수열 $\{a_n\}$이 다음 조건을 만족시킬 때, $\displaystyle\sum_{k=1}^{6} a_k$의 값은?

(가) $a_1 = 1$	(나) $\{a_n\}$의 계차수열 $\{b_n\}$에 대하여 $b_n = a_n$이다.

① 57   ② 60   ③ 63   ④ 66   ⑤ 69

 **확인문제 02**

수열 $\{a_n\}$의 일반항이 $a_n = \dfrac{n}{(-1)^n}$ $(n = 1,\ 2,\ 3,\ \cdots)$ 일 때,

수열 $\{a_n\}$의 계차수열을 $\{b_n\}$이라 하자. $\displaystyle\sum_{k=1}^{10} b_{2k-1}$의 값은?

① 190   ② 200   ③ 210   ④ 220   ⑤ 230

🔊 예제

첫째항이 1이고, 모든 항이 양수인 수열 $\{a_n\}$에 대하여 $\displaystyle\sum_{k=1}^{10} \frac{a_{k+1}-a_k}{a_k a_{k+1}} = \frac{1}{10}$일 때, a_{11}의 값은?

① $\dfrac{4}{5}$　　　② $\dfrac{9}{10}$　　　③ 1　　　④ $\dfrac{10}{9}$　　　⑤ $\dfrac{5}{4}$

✏️ 풀이

📖 핵심정리노트

 **확인문제 01**

$\displaystyle\sum_{k=1}^{80} \log \frac{k+1}{k}$ 의 값은?

① $3\log 3$ ② $3\log 5$ ③ $3\log 6$ ④ $4\log 3$ ⑤ $4\log 5$

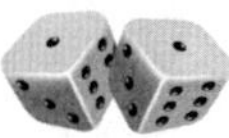 **확인문제 02**

$\displaystyle\sum_{k=1}^{24} \left(\sqrt{k^2+k} - \sqrt{k^2-k} \right)$의 값은?

① $5\sqrt{2}$ ② $5\sqrt{3}$ ③ $10\sqrt{2}$ ④ $10\sqrt{3}$ ⑤ $10\sqrt{6}$

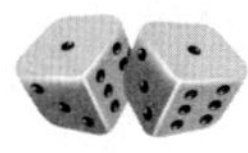 **확인문제 03**

자연수 n에 대하여 $\log n$의 지표를 $f(n)$이라 하자. $\displaystyle\sum_{k=1}^{m} f(k) = 200$을 만족시키는 자연수 m의 값을 구하시오.

 **예제**

2014 수능(4점)

모든 항이 양수인 수열 $\{a_n\}$은 $a_1 = 10$이고 $(a_{n+1})^n = 10(a_n)^{n+1}\,(n \geq 1)$을 만족시킨다.
다음은 일반항 a_n을 구하는 과정이다.

> 주어진 식의 양변에 상용로그를 취하면 $n\log a_{n+1} = (n+1)\log a_n + 1$이다.
>
> 양변을 $n(n+1)$로 나누면 $\dfrac{\log a_{n+1}}{n+1} = \dfrac{\log a_n}{n} + ($ (가) $)$이다.
>
> $b_n = \dfrac{\log a_n}{n}$이라 하면 $b_1 = 1$이고 $b_{n+1} = b_n + ($ (가) $)$이다.
>
> 수열 $\{b_n\}$의 일반항을 구하면 $b_n = ($ (나) $)$이므로
>
> $\log a_n = n \times ($ (나) $)$이다. 그러므로 $a_n = 10^{\,n \times (\ (나)\ )}$이다.

위의 (가)와 (나)에 알맞은 식을 각각 $f(n)$과 $g(n)$이라 할 때, $\dfrac{g(10)}{f(4)}$의 값은?

① 38　　　　② 40　　　　③ 42　　　　④ 44　　　　⑤ 46

 **풀이**

핵심정리노트

 **확인문제 01**

수열 $\{a_n\}$은 $a_1=10$이고, $a_{n+1}=a_1+\dfrac{1}{2}a_2+\dfrac{1}{3}a_3+\cdots+\dfrac{1}{n}a_n\,(n=1,2,3,\cdots)$을 만족시킨다.

다음은 일반항 a_n을 구하는 과정이다.

$n\geq 2$인 자연수 n에 대하여

$a_{n+1}-a_n=\left(a_1+\dfrac{1}{2}a_2+\dfrac{1}{3}a_3+\cdots+\dfrac{1}{n}a_n\right)-\left(a_1+\dfrac{1}{2}a_2+\dfrac{1}{3}a_3+\cdots+\dfrac{1}{n-1}a_{n-1}\right)$이므로

$a_{n+1}=\boxed{\text{(가)}}\times a_n$ 이다.

$n=2,\,3,\,4,\,\cdots,\,n-1$ 을 차례로 대입하면

$a_3=\dfrac{3}{2}a_2,\ \ a_4=\dfrac{4}{3}a_3,\ \cdots\ a_n=\dfrac{n}{n-1}a_{n-1}$이므로 $a_n=\boxed{\text{(나)}}\,(n\geq 2)$

따라서 주어진 수열 $\{a_n\}$의 일반항은 $a_1=10$이고, $a_n=\boxed{\text{(나)}}\,(n\geq 2)$

위의 (가)에 알맞은 식을 $f(n)$, (나)에 알맞은 식을 $g(n)$이라 할 때, $f(5)\times g(10)$의 값은?

① 60   ② 75   ③ 90   ④ 105   ⑤ 120

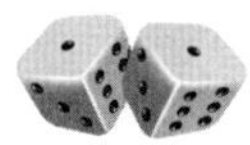 **확인문제 02**

첫째항이 1인 수열 $\{a_n\}$에 대하여 $S_n=\displaystyle\sum_{k=1}^{n}a_k$라 할 때, $nS_{n+1}=(n+2)S_n+(n+1)^3$

$(n\geq 1)$이 성립한다. 다음은 수열 $\{a_n\}$의 일반항을 구하는 과정의 일부이다.

자연수 n에 대하여 $S_{n+1}=S_n+a_{n+1}$이므로 $na_{n+1}=2S_n+(n+1)^3$ $\cdots\cdots$ ㉠이다.

2 이상의 자연수 n에 대하여 $(n-1)a_n=2S_{n-1}+n^3$ $\cdots\cdots$ ㉡이고,

㉠에서 ㉡을 뺀 식으로부터 $na_{n+1}=(n+1)a_n+\boxed{\text{(가)}}$ 를 얻는다.

양변을 $n(n+1)$로 나누면 $\dfrac{a_{n+1}}{n+1}=\dfrac{a_n}{n}+\dfrac{\boxed{\text{(가)}}}{n(n+1)}$이다.

$b_n=\dfrac{a_n}{n}$이라 하면, $b_{n+1}=b_n+3+\boxed{\text{(나)}}\,(n\geq 2)$이므로

$b_n=b_2+\boxed{\text{(다)}}\,(n\geq 3)$이다. $\cdots$

위의 (가), (나), (다)에 들어갈 식을 각각 $f(n),\ g(n),\ h(n)$이라 할 때, $\dfrac{f(3)}{g(3)h(6)}$의 값은?

① 30   ② 36   ③ 42   ④ 48   ⑤ 54

🔊 예제

수열 $\{a_n\}$에 대하여 $a_1 = 2$, $a_{n+1} = 3a_n - 3$ $(n = 1, 2, 3, \cdots)$이 성립할 때, $a_6 - a_5$의 값은?

① 27 ② 81 ③ 243 ④ 729 ⑤ 2187

✏️ 풀이

 핵심정리노트

 **확인문제 01**

수열 $\{a_n\}$에서 $a_1 = \dfrac{1}{2}$, $a_{n+1} = \dfrac{a_n}{3a_n + 1}$일 때, a_{20}은?

① $\dfrac{1}{59}$ ② $\dfrac{1}{29}$ ③ 1 ④ 29 ⑤ 59

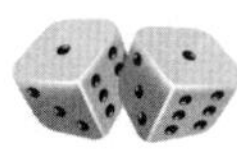 **확인문제 02**

수열 $\{a_n\}$이 $a_1 = 2$, $2n \cdot a_n a_{n+1} = a_n - a_{n+1}$ $(n = 1,\, 2,\, 3,\, \dots)$ 으로 정의될 때,

일반항 a_n은 $a_n = \dfrac{2}{2n^2 + pn + q}$ 이다. $5p^2 q$ 의 값을 구하시오.(단, $p,\ q$ 는 상수이다.)

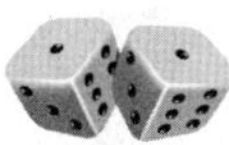 **확인문제 03**

$a_1 = 2$, $a_2 = 1$, $a_{n+1} a_n - 2a_{n+2} a_n + a_{n+1} a_{n+2} = 0$ $(n = 1,\, 2,\, 3,\, \cdots)$으로 정의된

수열 $\{a_n\}$ 에 대하여 $\displaystyle\sum_{k=1}^{20} \dfrac{1}{a_k}$ 의 값을 구하시오.

🔊 예제

다음 순서도에서 인쇄되는 a의 값은?

① 1021

② 2045

③ 4093

④ 6057

⑤ 8189

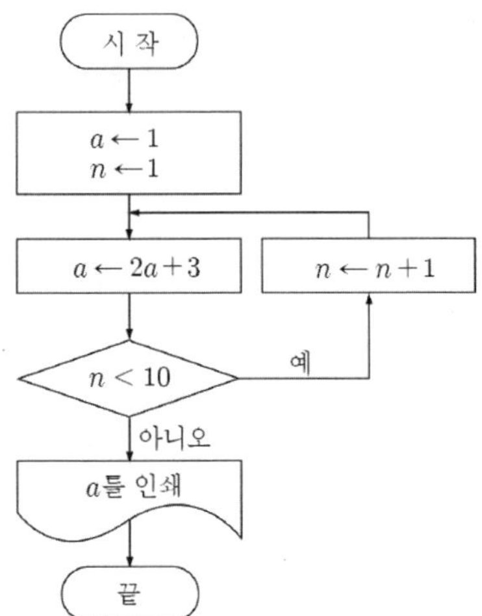

✏️ 풀이

📖 핵심정리노트

 **확인문제 01**

다음 순서도에서 인쇄되는 S의 값을 구하시오.

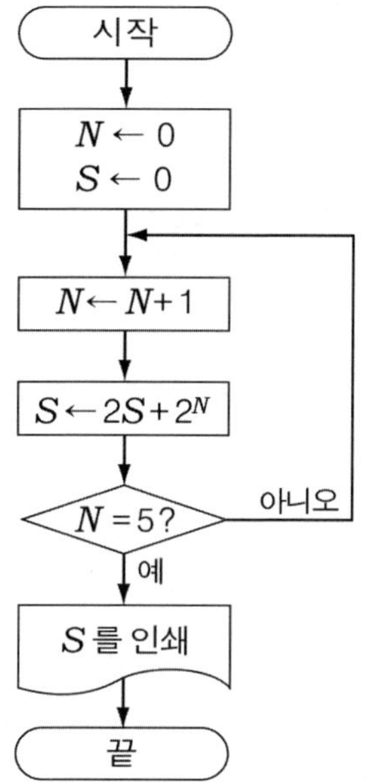

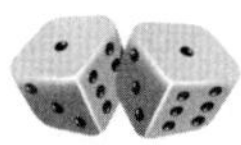 **확인문제 02**

다음 순서도에서 인쇄되는 S의 값은?
(단, $[x]$는 x를 넘지 않는 최대 정수)

① $2^{18} \times 3^{12}$

② $2^{12} \times 3^{18}$

③ $2^{14} \times 3^{11}$

④ $2^{17} \times 3^{12}$

⑤ $2^{12} \times 3^{17}$

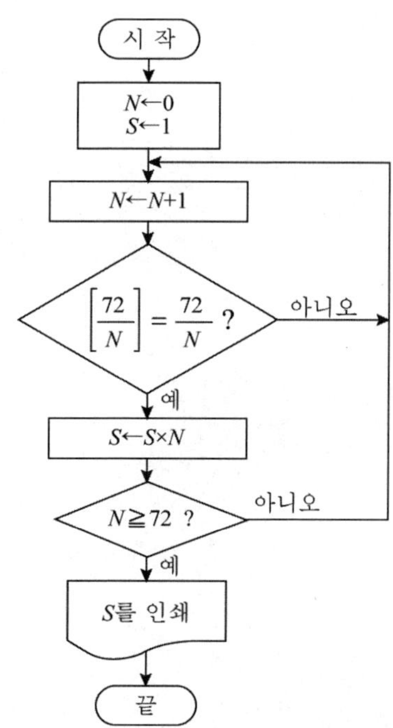

 **예제**

2010 수능(2점)

$$\lim_{n \to \infty} \frac{(n+1)(3n-1)}{2n^2+1}$$ 의 값은 ?

① $\dfrac{3}{2}$ 　　　② 2 　　　③ $\dfrac{5}{2}$ 　　　④ 3 　　　⑤ $\dfrac{7}{2}$

✏️ **풀이**

 **핵심정리노트**

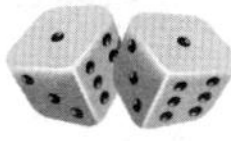

확인문제 01

$\lim\limits_{n\to\infty}\dfrac{2\times 3^{n+1}+5}{3^n}$의 값은?

① 10   ② 9   ③ 8   ④ 7   ⑤ 6

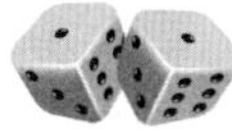

확인문제 02

$\lim\limits_{n\to\infty}\left(\sqrt{n^2+6n+4}-n\right)$의 값은?

① $\dfrac{1}{3}$ ② $\dfrac{1}{2}$ ③ 1   ④ 2   ⑤ 3

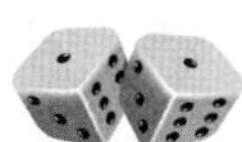

확인문제 03

$\lim\limits_{n\to\infty}\dfrac{a\times 6^{n+1}-5^n}{6^n+5^n}=4$ 일 때, 상수 a의 값은?

① $\dfrac{1}{3}$ ② $\dfrac{1}{2}$ ③ $\dfrac{2}{3}$ ④ $\dfrac{4}{3}$ ⑤ $\dfrac{3}{2}$

🔊 예제

무한수열 $\left\{(x+2)(x^2-4x+3)^{n-1}\right\}$이 수렴하도록 하는 모든 정수 x의 합을 구하시오.

✏️ 풀이

 핵심정리노트

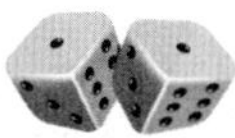 **확인문제 01**

수열 $\{a_n\}$이 모든 자연수 n에 대하여 $3n-1 < na_n < 3n+1$을 만족시킬 때, $\displaystyle\lim_{n\to\infty} a_n$의 값은?

① 1   ② $\dfrac{3}{2}$ ③ 2   ④ $\dfrac{5}{2}$ ⑤ 3

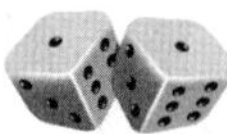 **확인문제 02**

수열 $\{a_n\}$이 $\displaystyle\lim_{n\to\infty} \dfrac{a_n}{3n-2} = 2$를 만족시킬 때, $\displaystyle\lim_{n\to\infty} \dfrac{na_n}{3n^2+2n+1}$의 값은?

① 2   ② $\dfrac{7}{3}$ ③ $\dfrac{8}{3}$ ④ 3   ⑤ $\dfrac{10}{3}$

확인문제 03

수열 $\{a_n\}$이 $a_1 = 2$, $a_{n+1} = a_n + 2n$ $(n=1,\ 2,\ 3,\ \cdots)$을 만족시킬 때,

$\displaystyle\lim_{n\to\infty} \dfrac{a_1 + a_2 + \cdots + a_n}{n^3}$의 값은?

① $\dfrac{1}{4}$ ② $\dfrac{1}{3}$ ③ $\dfrac{1}{2}$ ④ $\dfrac{2}{3}$ ⑤ $\dfrac{3}{4}$

 **예제**

무한급수 $\dfrac{x+3}{5}+\dfrac{(x+3)(x-5)}{5^2}+\dfrac{(x+3)(x-5)^2}{5^3}+\cdots$ 이 수렴하도록 하는 모든 정수 x 의 합을 구하시오.

 **풀이**

핵심정리노트

 **확인문제 01**

모든 항이 양수인 수열 $\{a_n\}$에 대하여 $\displaystyle\sum_{n=1}^{\infty}\left(3^n a_n - 2\right)$가 수렴할 때, $\displaystyle\lim_{n\to\infty}\frac{6a_n+5\cdot4^{-n}}{a_n+3^{-n}}$의 값을 구하시오.

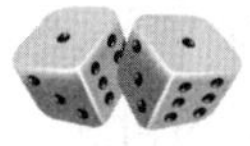 **확인문제 02**

수열 $\{a_n\}$에 대하여 $\displaystyle\sum_{n=1}^{\infty}\frac{a_n}{4^n}=2$일 때, $\displaystyle\lim_{n\to\infty}\frac{a_n+4^{n+1}-3^{n-1}}{4^{n-1}+3^{n+1}}$의 값을 구하시오.

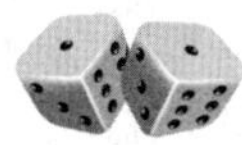 **확인문제 03**

수열 $\{a_n\}$이 $7a_1+7^2a_2+\cdots+7^n a_n=3^n-1$을 만족시킬 때, $\displaystyle\sum_{n=1}^{\infty}\frac{a_n}{3^{n-1}}$의 값은?

① $\dfrac{1}{3}$ ② $\dfrac{4}{9}$ ③ $\dfrac{5}{9}$ ④ $\dfrac{2}{3}$ ⑤ $\dfrac{7}{9}$

예제

2014 수능(4점)

직사각형 $A_1B_1C_1D_1$ 에서 $\overline{A_1B_1}=1$, $\overline{A_1D_1}=2$ 이다.

그림과 같이 선분 A_1D_1과 선분 B_1C_1의 중점을 각각 M_1, N_1이라 하자. 중심이 N_1, 반지름의 길이가 $\overline{B_1N_1}$이고 중심각의 크기가 $\dfrac{\pi}{2}$인 부채꼴 $N_1M_1B_1$ 을 그리고, 중심이 D_1, 반지름의 길이가 $\overline{C_1D_1}$이고 중심각의 크기가 $\dfrac{\pi}{2}$인 부채꼴 $D_1M_1C_1$ 을 그린다. 부채꼴 $N_1M_1B_1$ 의 호 M_1B_1과 선분 M_1B_1로 둘러싸인 부분과 부채꼴 $D_1M_1C_1$ 의 호 M_1C_1과 선분 M_1C_1로 둘러싸인 부분인 모양에 색칠하여 얻은 그림을 R_1이라 하자.

그림 R_1에 선분 M_1B_1 위의 점 A_2, 호 M_1C_1 위의 점 D_2와 변 B_1C_1 위의 두 점 B_2, C_2를 꼭짓점으로 하고 $\overline{A_2B_2}:\overline{A_2D_2}=1:2$ 인 직사각형 $A_2B_2C_2D_2$를 그리고, 직사각형 $A_2B_2C_2D_2$에서 그림 R_1을 얻은 것과 같은 방법으로 만들어지는 모양에 색칠하여 얻은 그림을 R_2라 하자. 이와 같은 과정을 계속하여 n번째 얻은 그림 R_n에 색칠되어 있는 부분의 넓이를 S_n라 할 때, $\displaystyle\lim_{n\to\infty} S_n$의 값은?

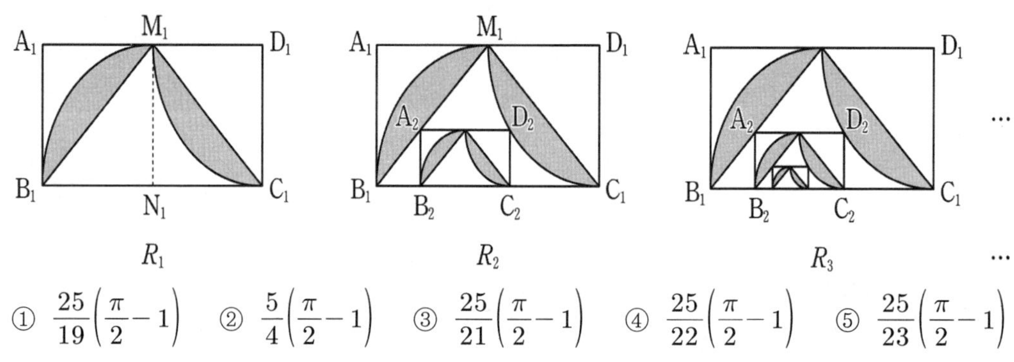

R_1 R_2 R_3 ...

① $\dfrac{25}{19}\left(\dfrac{\pi}{2}-1\right)$ ② $\dfrac{5}{4}\left(\dfrac{\pi}{2}-1\right)$ ③ $\dfrac{25}{21}\left(\dfrac{\pi}{2}-1\right)$ ④ $\dfrac{25}{22}\left(\dfrac{\pi}{2}-1\right)$ ⑤ $\dfrac{25}{23}\left(\dfrac{\pi}{2}-1\right)$

풀이

핵심정리노트

그림과 같이 원점을 중심으로 하고 반지름의 길이가 3인 원O_1을 그리고, 원O_1이 좌표축과 만나는 네 점을 각각 $A_1(0,\ 3)$, $B_1(-3,\ 0)$, $C_1(0,\ -3)$, $D_1(3,\ 0)$이라 하자. 두 점 B_1, D_1을 모두 지나고 두 점 A_1, C_1을 각각 중심으로 하는 두 원이 원O_1의 내부에서 y축과 만나는 점을 각각 C_2, A_2라 하자.

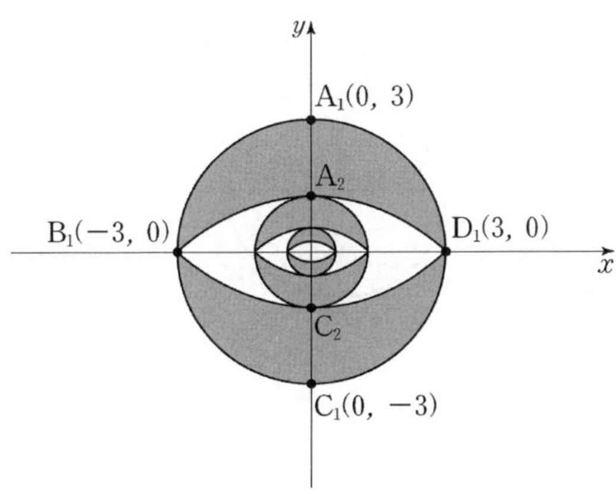

호$B_1A_1D_1$과 호$B_1A_2D_1$로 둘러싸인 도형의 넓이를 S_1, 호 $B_1C_1D_1$과 호 $B_1C_2D_1$로 둘러싸인 도형의 넓이를 T_1이라 하자. 선분 A_2C_2를 지름으로 하는 원O_2를 그리고, 원O_2가 x축과 만나는 두 점을 각각 B_2, D_2라 하자. 두 점 B_2, D_2를 모두 지나고 두 점 A_2, C_2를 각각 중심으로 하는 두 원이 원 O_2의 내부에서 y축과 만나는 점을 각각 C_3, A_3이라하자. 호 $B_2A_2D_2$와 호 $B_2A_3D_2$로 둘러싸인 도형의 넓이를 S_2, 호 $B_2C_2D_2$와 호 $B_2C_3D_2$로 둘러싸인 도형의 넓이를 T_2라 하자. 이와 같은 과정을 계속하여 n번째 얻은 호$B_nA_nD_n$과 호 $B_nA_{n+1}D_n$으로 둘러싸인 도형의 넓이를 S_n, 호 $B_nC_nD_n$과 호 $B_nC_{n+1}D_n$으로 둘러싸인 도형의 넓이를 T_n이라 할 때, $\displaystyle\sum_{n=1}^{\infty}(S_n+T_n)$의 값은?

① $6(\sqrt{2}+1)$ ② $6(\sqrt{3}+1)$ ③ $6(\sqrt{5}+1)$

④ $9(\sqrt{2}+1)$ ⑤ $9(\sqrt{3}+1)$

그림과 같이 길이가 2인 선분 AB를 지름으로 하는 원 O가 있다. 원 O의 중심을 지나고 선분 AB와 수직인 직선이 원과 만나는 2개의 점 중 한 점을 C라 하자.

점 C를 중심으로 하고 점 A와 점 B를 지나는 원의 외부와 원 O의 내부의 공통부분인 ⌣ 모양의 도형에 색칠하여 얻은 그림을 R_1이라 하자.

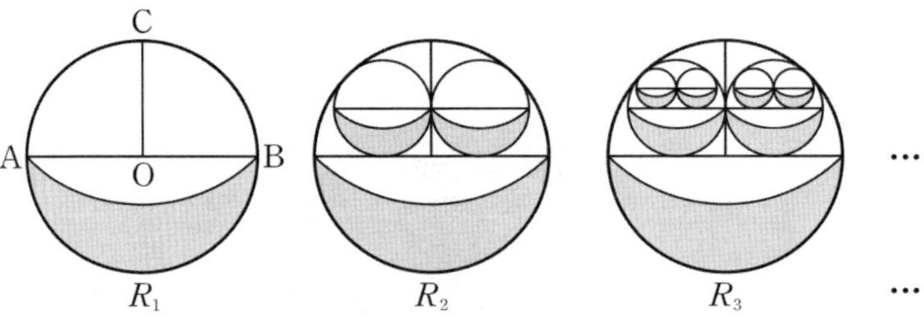

그림 R_1에서 색칠된 부분을 포함하지 않은 원 O의 반원을 이등분한 2개의 사분원에 각각 내접하는 원을 그리고, 이 2개의 원 안에 그림 R_1을 얻는 것과 같은 방법으로 만들어지는 ⌣ 모양의 2개의 도형에 색칠하여 얻은 그림을 R_2라 하자.

그림 R_2에서 새로 생긴 2개의 원의 색칠된 부분을 포함하지 않은 반원을 각각 이등분한 4개의 사분원에 각각 내접하는 원을 그리고, 이 4개의 원 안에 그림 R_1을 얻는 것과 같은 방법으로 만들어지는 ⌣ 모양의 4개의 도형에 색칠하여 얻은 그림을 R_3이라 하자.

이와 같은 과정을 계속하여 n번째 얻은 그림 R_n에 색칠되어 있는 부분의 넓이를 S_n이라 할 때, $\lim\limits_{n\to\infty} S_n$의 값은?

① $\dfrac{5+2\sqrt{2}}{7}$

② $\dfrac{5+3\sqrt{2}}{7}$

③ $\dfrac{5+4\sqrt{2}}{7}$

④ $\dfrac{5+5\sqrt{2}}{7}$

⑤ $\dfrac{5+6\sqrt{2}}{7}$

memo

 **memo**

정답

맛있는 교재

정답 및 해설

◀)) 예제

정답 ①

$$A = \begin{pmatrix} a_{11}\, a_{12}\, a_{13} \\ a_{21}\, a_{22}\, a_{23} \\ a_{31}\, a_{32}\, a_{33} \end{pmatrix} = \begin{pmatrix} 1\,1\,1 \\ 1\,1\,0 \\ 1\,0\,0 \end{pmatrix}$$

🎲 확인문제 01

정답 ①

출제의도

행렬의 성분의 뜻을 이해하고 있는가를 묻는 문제이다.

풀이

$$a_{11} = \left[\frac{3-1}{2}\right] = \left[\frac{2}{2}\right] = 1,$$

$$a_{12} = \left[\frac{3-2}{2}\right] = \left[\frac{1}{2}\right] = 0,$$

$$a_{21} = \left[\frac{6-1}{2}\right] = \left[\frac{5}{2}\right] = 2,$$

$$a_{22} = \left[\frac{6-2}{2}\right] = \left[\frac{4}{2}\right] = 2$$

$$\therefore A = \begin{pmatrix} 1 & 0 \\ 2 & 2 \end{pmatrix}$$

따라서 A의 모든 성분의 합은 5이다.

🎲 확인문제 02

정답 ③

풀이

$$A + 2B = \begin{pmatrix} 2 & 0 \\ 1 & 1 \end{pmatrix} + \begin{pmatrix} 2 & 2 \\ 0 & 2 \end{pmatrix} = \begin{pmatrix} 4 & 2 \\ 1 & 3 \end{pmatrix}$$

따라서 모든 성분의 합은
$$4 + 2 + 1 + 3 = 10$$

🎲 확인문제 03

정답 ④

풀이

$$2A + B = 2\begin{pmatrix} 0 & 0 \\ 1 & 1 \end{pmatrix} + \begin{pmatrix} 1 & 0 \\ 1 & 1 \end{pmatrix}$$

$$= \begin{pmatrix} 0 & 0 \\ 2 & 2 \end{pmatrix} + \begin{pmatrix} 1 & 0 \\ 1 & 1 \end{pmatrix} = \begin{pmatrix} 1 & 0 \\ 3 & 3 \end{pmatrix}$$

따라서 행렬 $2A + B$의 모든 성분의 합은 $1 + 0 + 3 + 3 = 7$

다른풀이

행렬 A의 성분의 합은 2, 행렬 B의 성분의 합은 3

따라서 $2 \times 2 + 3 = 7$

◀)) 예제

정답 ④

풀이

$$A = \begin{pmatrix} 1 & -1 \\ 1 & 1 \end{pmatrix}, \ B = \begin{pmatrix} 1 & 1 \\ -1 & 1 \end{pmatrix} \text{이므로}$$

$$A + B = 2E$$

따라서 $A(A + B) = 2A = \begin{pmatrix} 2 & -2 \\ 2 & 2 \end{pmatrix}$

$\therefore$ 모든 성분의 합은 4이다

🎲 확인문제 01

정답 ①

풀이

$A = 3E$이므로

$$AB + 2B = 3EB + 2B = 5B = \begin{pmatrix} -5 & 5 \\ 5 & 5 \end{pmatrix}$$

따라서 구하려는 행렬의 모든 성분의 합은
$$5 \times 2 = 10$$

🎲 확인문제 02

정답 ①

풀이

$$A + B = \begin{pmatrix} 2 & 1 \\ 1 & 1 \end{pmatrix} + \begin{pmatrix} -1 & -2 \\ 1 & 0 \end{pmatrix} = \begin{pmatrix} 1 & -1 \\ 2 & 1 \end{pmatrix} \text{이므로}$$

$$(A + B)A = \begin{pmatrix} 1 & -1 \\ 2 & 1 \end{pmatrix}\begin{pmatrix} 2 & 1 \\ 1 & 1 \end{pmatrix} = \begin{pmatrix} 1 & 0 \\ 5 & 3 \end{pmatrix}$$

따라서 행렬$(A+B)A$의 모든 성분의 합은

$1+0+5+3=9$

확인문제 03

정답 ④

풀이

$a_{11}=0,\ a_{12}=-1,\ a_{21}=1,\ a_{22}=0$

이므로 $A=\begin{pmatrix} 0 & -1 \\ 1 & 0 \end{pmatrix}$

$A^2=\begin{pmatrix} 0 & -1 \\ 1 & 0 \end{pmatrix}\begin{pmatrix} 0 & -1 \\ 1 & 0 \end{pmatrix}=\begin{pmatrix} -1 & 0 \\ 0 & -1 \end{pmatrix}=-E$

$A^3=-A,\ A^4=E,\ A^5=A,\ \cdots$

$\therefore A+A^2+A^3+\cdots+A^{2010}$

$=(A+A^2+A^3+A^4)+\cdots+$

$\quad (A^{2005}+\cdots+A^{2008})+A^{2009}+A^{2010}$

$=O+\cdots+O+A+A^2$

$=A-E=\begin{pmatrix} -1 & -1 \\ 1 & -1 \end{pmatrix}$

따라서 $(2,1)$의 성분은 1이다.

Lec.03

예제

정답 36

풀이

행렬 M이 역행렬을 갖지 않으려면,

$D=a\cdot9-bc=0$

$\therefore\ 9a=bc$

서로 다른 a, b, c에 대하여 위의 등식을 만족하는 경우는 $a=2$이고,

$(b=3,\ c=6)$ 또는 $(b=6,\ c=3)$ 일때 뿐이다.

$\therefore\ abc=36$

확인문제 01

정답 ②

출제의도

역행렬이 존재하지 않을 조건을 알고 있는가를 묻는 문제이다.

풀이

내분하는 점과 외분하는 점의 좌표를 구하면 $c=\dfrac{2b+a}{3},\ d=2b-a$

행렬 $\begin{pmatrix} a & b \\ c & d \end{pmatrix}$의 역행렬이 존재하지 않으므로

$ad-bc=(2ab-a^2)-\dfrac{ab+2b^2}{3}$

$=-\dfrac{3a^2-5ab+2b^2}{3}$

$=-\dfrac{(3a-2b)(a-b)}{3}=0$

이때, $a\neq b$이므로 $3a-2b=0$

$\therefore\ \dfrac{b}{a}=\dfrac{3}{2}$

확인문제 02

정답 ①

풀이

$5^{\log b}=a^{2\log 5}=5^{2\log a}=5^{\log a^2}$

$\therefore\ b=a^2\cdots\cdots\ \text{㉠}$

$\begin{pmatrix} a & -1 \\ -b & 2 \end{pmatrix}$가 역행렬을 갖지 않으므로

$2a-b=0\quad\therefore\ b=2a\cdots\cdots\ \text{㉡}$

㉠, ㉡에서 $a^2=2a$

$\therefore\ a=2,\ b=4\ (\because a,\ b\text{는 양수})$

$\therefore\ ab=8$

확인문제 03

정답 90

풀이

$\text{A}=\begin{pmatrix} a & 1 \\ b & c \end{pmatrix}$의 역행렬이 존재하지 않으므로 $ac-b=0$이다.

$$\frac{178}{121}=1+\cfrac{1}{2+\cfrac{1}{8+\cfrac{1}{7}}}\ \text{이므로}$$

$a=2,\ b=8$

$2c-8=0,\ c=4$

$A=\begin{pmatrix}2&1\\8&4\end{pmatrix}$ 이므로 $A^2=\begin{pmatrix}12&6\\48&24\end{pmatrix}$

따라서 모든 성분의 합은 90

Lec.04

🔊 예제

정답 ②

풀이

$-A^2+4A=3E,$

$-\dfrac{1}{3}A(A-4E)=E$

$\therefore\ A^{-1}=-\dfrac{1}{3}(A-4E)$

🎲 확인문제 01

정답 ⑤

출제의도

역행렬 구하기

풀이

$(A-3E)(A+4E)=-9E$

$(A-3E)\left\{-\dfrac{1}{9}(A+4E)\right\}=E$

$\therefore\ (A-3E)^{-1}=-\dfrac{1}{9}(A+4E)$

🎲 확인문제 02

정답 ⑤

풀이

$A^4=O$ 의 양변에 $-E$를 더하면

$A^4-E=-E$ 이므로

$E-A^4=E$

$E-A^4$

$=(E-A)(E+A)(E+A^2)=E$ 이므로

$(E-A)^{-1}=(E+A)(E+A^2),$

$(E+A)^{-1}=(E-A)(E+A^2),$

$(E+A^2)^{-1}=(E-A)(E+A)=E-A^2$

따라서 ㄱ, ㄴ, ㄷ 모두 역행렬이 존재한다.

🎲 확인문제 03

정답 ⑤

풀이

$(A-B)^2=A^2-AB-BA+B^2$

$=(A^2+B^2)-(AB+BA)=-2E$

$\Rightarrow (A-B)\left(-\dfrac{1}{2}\right)(A-B)=E$

따라서

$A-B$ 의 역행렬은 $-\dfrac{1}{2}(A-B)$

Lec.05

🔊 예제

정답 11

풀이

$\begin{pmatrix}5&a\\a&3\end{pmatrix}\begin{pmatrix}x\\y\end{pmatrix}=\begin{pmatrix}x+5y\\6x+y\end{pmatrix}=\begin{pmatrix}1&5\\6&1\end{pmatrix}\begin{pmatrix}x\\y\end{pmatrix}$

$\left\{\begin{pmatrix}5&a\\a&3\end{pmatrix}-\begin{pmatrix}1&5\\6&1\end{pmatrix}\right\}\begin{pmatrix}x\\y\end{pmatrix}=\begin{pmatrix}0\\0\end{pmatrix}$

$\begin{pmatrix}4&a-5\\a-6&2\end{pmatrix}\begin{pmatrix}x\\y\end{pmatrix}=\begin{pmatrix}0\\0\end{pmatrix}$

$x=0,\ y=0$ 이외의 해를 가지려면

$\begin{pmatrix}4&a-5\\a-6&2\end{pmatrix}$ 의 역행렬이 존재하지 않아야 한다.

$\therefore\ 8-(a-5)(a-6)=0,$

$a^2-11a+22=0$ 이고 이 방정식은 서로 다른 두 실근을 가진다.

따라서, 모든 실수 a의 값의 합은 11이다.

확인문제 01

정답 21

출제의도

행렬과 연립방정식의 관계와 부등식의 영역을 이용할 수 있는가를 묻는 문제이다.

풀이

$$\begin{pmatrix} 4 & -1 \\ 1 & 2 \end{pmatrix}\begin{pmatrix} x \\ y \end{pmatrix} = k\begin{pmatrix} x \\ y \end{pmatrix}$$에서

$$\begin{pmatrix} 4-k & -1 \\ 1 & 2-k \end{pmatrix}\begin{pmatrix} x \\ y \end{pmatrix} = \begin{pmatrix} 0 \\ 0 \end{pmatrix}$$

$(4-k)(2-k)+1 = 0$

$\therefore k = 3$

따라서 $x-y=0$이므로 두 조건을 만족시키는 순서쌍 (α, β)의 개수는 21이다.

확인문제 02

정답 5개

출제의도

연립방정식이 해를 갖지 않을 조건을 행렬을 이용하여 구할 수 있는가를 묻는 문제이다.

풀이

방정식이 해를 갖지 않으려면

$\dfrac{a+1}{1} = \dfrac{b}{a+3} \neq \dfrac{2}{1}$이 성립하여야 한다.

따라서 순서쌍 (a, b)는 $(-4, 3)$, $(-3, 0)$, $(-2, -1)$, $(-1, 0)$, $(0, 3)$으로 5개다.

확인문제 03

정답 ③

풀이

주어진 연립방정식이

$x=0$, $y=0$이외의 해를 가지려면

행렬 $\begin{pmatrix} 5-\log_2 a & 2 \\ 3 & \log_2 a \end{pmatrix}$의 역행렬이

존재하지 않아야 하므로

$(5-\log_2 a)\log_2 a - 6 = 0$이어야 한다.

$\log_2 a = t$라 하면

$(5-t)t-6 = 0$, $(t-2)(t-3) = 0$

따라서 $t = 2$ 또는 $t = 3$

$\therefore \log_2 a = 2$ 또는 $\log_2 a = 3$

따라서 $a = 4$ 또는 $a = 8$이다.

그러므로 모든 a의 값의 합은

$4 + 8 = 12$이다.

Lec.06

예제

정답 ②

풀이

A와 E를 직접 연결하는 변이 없으므로

$a = e = 0$

B와 D를 직접 연결하는 변이 1개이므로

$b = d = 1$

C와 C를 직접 연결하는 변이 없으므로

$c = 0$

$\therefore a+b+c+d+e = 2$

확인문제 01

정답 ②

풀이

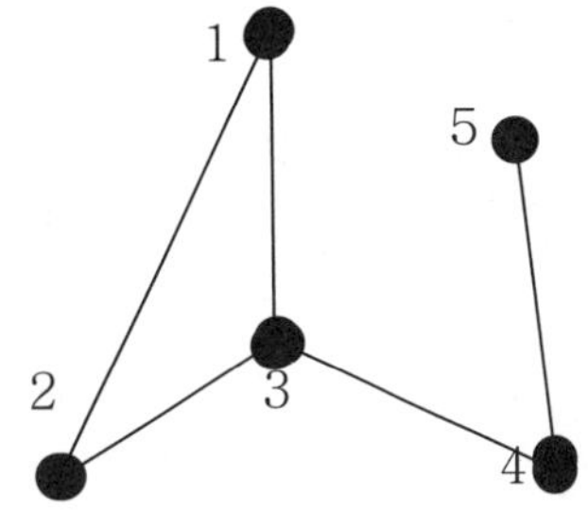

주어진 그래프의 꼭짓점에 번호를 위와 같이 부여하고, 각 꼭짓점에서 다른 꼭짓점으로의 연결관계를

확인해 행렬을 만들면,

$$\begin{pmatrix} 0 & 1 & 1 & 0 & 0 \\ 1 & 0 & 1 & 0 & 0 \\ 1 & 1 & 0 & 1 & 0 \\ 0 & 0 & 1 & 0 & 1 \\ 0 & 0 & 0 & 1 & 0 \end{pmatrix}$$ 이 된다.

따라서 1의 개수는 10개가 된다.

확인문제 02

정답 14

풀이

그래프 G를 나타내는 행렬 M에 대하여 그림과 같이 그래프 G를 그리면 다음과 같다.

$$\begin{array}{c} \quad A\,B\,C\,D\,E \\ \begin{matrix} A \\ B \\ C \\ D \\ E \end{matrix} \begin{pmatrix} 0 & 1 & 1 & 1 & 1 \\ 1 & 0 & 1 & 1 & 1 \\ 1 & 1 & 0 & 1 & 0 \\ 1 & 1 & 1 & 0 & 1 \\ 1 & 1 & 0 & 1 & 0 \end{pmatrix} \end{array}$$

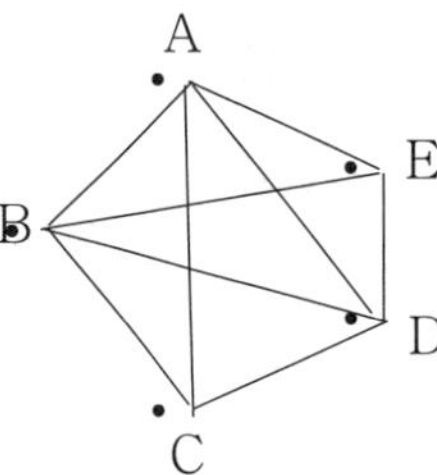

$\therefore a = 5, \ b = 9$

$\therefore a + b = 5 + 9 = 14$

확인문제 03

정답 ④

풀이

5차정사각행렬이므로

꼭짓점의 개수 $a = 5$ 이고 행렬의 모든 성분의 합은 12이다.

따라서 변의 개수 $b = \dfrac{12}{2} = 6$ 이므로

$2a + b = 10 + 6 = 16$

Lec.07

예제

정답 ⑤

풀이

ㄱ. $AB + A^2B = E$에서

$(A + A^2)B = E$이므로

$B^{-1} = A + A^2$이다. $\therefore$ 참

ㄴ. ㄱ에서

$B = \{A(A + E)\}^{-1}$

$\quad = (A + E)^{-1}A^{-1}$이고,

$B = \{(A + E)A\}^{-1}$

$\quad = A^{-1}(A + E)^{-1}$이므로

$AB = AA^{-1}(A + E)^{-1} = (A + E)^{-1}$

$BA = (A + E)^{-1}A^{-1}A = (A + E)^{-1}$

$\therefore AB = BA \qquad \therefore$ 참

ㄷ. $(A^3 - A)^2 + E$

$= \{A(A + E)(A - E)\}^2 + E$

$= \{A(A + E)\}^2(A - E)^2 + E$

$= (B^{-1})^2(A - E)^2 + E$

$= (B^{-1})^2\{(A - E)^2 + B^2\} = O$

$\therefore$ 참

따라서 ㄱ, ㄴ, ㄷ 모두 옳다.

확인문제 01

정답 ③

풀이

ㄱ. (참) $2A^2 + AB = E$에서

$A(2A + B) = E$

$\therefore A^{-1} = 2A + B$

ㄴ. (참) $2A^2 + AB = E$에서

$AB = E - 2A^2 \cdots\cdots \ ㉠$

$AB + BA = 2A + E$에서

㉠을 대입하면

$E - 2A^2 + BA = 2A + E$

$BA = 2A^2 + 2A$ 양변의 오른쪽에

A^{-1}를 곱하면

$BAA^{-1} = 2A^2A^{-1} + 2AA^{-1}$

$\therefore B = 2A + 2E$

$AB + BA = 2A + E \cdots\cdots$ ①

$2A^2 + AB = E \cdots\cdots$ ②

①$-$②에서

$BA - 2A^2 = 2A,$

$(B - 2A - 2E)A = O$

A^{-1}이 존재하므로

$B - 2A - 2E = O \therefore B = 2A + 2E$

ㄷ. (거짓) ㄱ, ㄴ에서

$A^{-1} = 2A + B$이고,

$B = 2A + 2E$이므로

$A^{-1} = 2A + (2A + 2E) = 4A + 2E$

$A(4A + 2E) = E$

$4A^2 + 2A = E \cdots\cdots$ ㉡

$(B - E)^2 = (2A + 2E - E)^2 \ (\because \ ㄴ)$

$= (2A + E)^2 = 4A^2 + 4A + E$

$= E + 2A + E \ (\because \ ㉡)$

$= 2A + 2E = B \ (\because \ ㄴ)$

이때, $(B - E)^2 = O$라 가정하면

$B = O$이므로 $(O - E)^2 = O,$

즉 $E = O$가 되어 모순이다.

$\therefore \ (B - E)^2 \neq O$

따라서 옳은 것은 ㄱ, ㄴ이다.

확인문제 02

정답 ⑤

출제의도

역행렬의 성질을 이해하여 역행렬의 존재성을 추론할 수 있는가를 묻는 문제이다.

풀이

ㄱ. $A(-A) = E$ 이므로 $A^{-1} = -A$

(참)

ㄴ. $A^3 - E = -A - E$ 이고

$(-A - E)\left(\dfrac{1}{2}A - \dfrac{1}{2}E\right) = E$

$\therefore A^3 - E$ 의 역행렬이 존재한다

(참)

ㄷ. $(A + kE)(A - kE)$

$= A^2 - k^2 E = -(1 + k^2)E$에서

$(A + kE)\left(-\dfrac{1}{1 + k^2}A + \dfrac{k}{1 + k^2}E\right)$

$= E$

$\therefore A + kE$의 역행렬이 존재한다.

(참)

Lec.08

예제

정답 ①

풀이

$$\sqrt[3]{2} \times \sqrt[6]{16} = 2^{\frac{1}{3}} \times (2^4)^{\frac{1}{6}}$$

$$= 2^{\frac{1}{3}} \times 2^{\frac{2}{3}} = 2^{\frac{1}{3} + \frac{2}{3}} = 2$$

확인문제 01

정답 17

출제의도

거듭제곱근 계산하기

풀이

$a > 0,\ a \neq 1$인 a에 대하여,

$$\left\{\dfrac{\sqrt{a^3}}{\sqrt{\sqrt[3]{a^4}}} \times \sqrt{\left(\dfrac{1}{a}\right)^{-4}}\right\}^6$$

$$= \left(a^{\frac{3}{2} - \frac{2}{3} + 2}\right)^6 = \left(a^{\frac{17}{6}}\right)^6 = a^{17}$$

$$\therefore k = 17$$

확인문제 02

정답 ①

풀이

$(ab)^2 = a^2 b^2$

$$= (\sqrt{2})^2 \left(3^{\frac{1}{6}}\right)^2 = 2 \times 3^{\frac{1}{3}}$$

🎲 **확인문제 03**

정답 ⑤

풀이

A, B, C를 유리수 지수로 나타내면

$A = \sqrt{3\sqrt[3]{4}} = 3^{\frac{1}{2}} \cdot 4^{\frac{1}{6}} = (3^6 \cdot 4^2)^{\frac{1}{12}}$

$B = \sqrt[3]{4\sqrt{3}} = 3^{\frac{1}{6}} \cdot 4^{\frac{1}{3}} = (3^2 \cdot 4^4)^{\frac{1}{12}}$

$C = \sqrt{\sqrt{12}} = 3^{\frac{1}{4}} \cdot 4^{\frac{1}{4}} = (3^3 \cdot 4^3)^{\frac{1}{12}}$

$\dfrac{A}{B} = \left(\dfrac{3^2}{4}\right)^{\frac{1}{6}} > 1$이므로

$A > B$ …… ㉠

$\dfrac{B}{C} = \left(\dfrac{4}{3}\right)^{\frac{1}{12}} > 1$이므로

$B > C$ …… ㉡

㉠, ㉡에서 $C < B < A$

Lec.09

🔊 **예제**

정답 ①

풀이

$8^{\frac{2}{3}} \times 9^{\frac{1}{2}} = 2^2 \times 3 = 12$

🎲 **확인문제 01**

정답 ②

풀이

$5^{\frac{2}{3}} \times (5^2)^{-\frac{5}{6}}$

$= 5^{\frac{2}{3}} \times 5^{-\frac{5}{3}} = 5^{\frac{2}{3}-\frac{5}{3}}$

$= 5^{-1} = \dfrac{1}{5}$

🎲 **확인문제 02**

정답 ③

풀이

$4^x = 2^{2x}$에서 $2^{2x} = 2^y$, $y = 2x$이므로

$\dfrac{y}{x} + \dfrac{2}{y} = 3$

🎲 **확인문제 03**

정답 ①

출제의도

지수법칙을 이해하고 있는가를 묻는 문제이다.

풀이

$3^a = 12^b = 6$이므로

$3 = 6^{\frac{1}{a}}$, $12 = 6^{\frac{1}{b}}$이다.

이때, $6^{\frac{1}{a}} \times 6^{\frac{1}{b}} = 6^{\frac{1}{a}+\frac{1}{b}} = 3 \times 12 = 36$

이므로 $\dfrac{1}{a} + \dfrac{1}{b} = 2$이다.

Lec.10

🔊 **예제**

정답 ②

풀이

$\dfrac{2^a + 2^{-a}}{2^a - 2^{-a}} = -2$ 에서

분모, 분자에 2^a를 곱하면

$\dfrac{2^{2a} + 1}{2^{2a} - 1} = -2$ 정리하면 $2^{2a} = \dfrac{1}{3}$

$4^a = \dfrac{1}{3}$ $4^{-a} = 3$

$\therefore 4^a + 4^{-a} = \dfrac{10}{3}$

🎲 **확인문제 01**

정답 ⑤

풀이

$x + x^{-1} = 3,$

$\left(x^{\frac{1}{2}} + x^{-\frac{1}{2}}\right)^2 = x + x^{-1} + 2 = 5$이므로

$x^{\frac{1}{2}} + x^{-\frac{1}{2}} = \sqrt{5}$

$x^{\frac{3}{2}} + x^{-\frac{3}{2}} = \left(x^{\frac{1}{2}} + x^{-\frac{1}{2}}\right)^3 - 3\left(x^{\frac{1}{2}} + x^{-\frac{1}{2}}\right)$

$= 5\sqrt{5} - 3\sqrt{5} = 2\sqrt{5}$

🎲 **확인문제 02**

정답 ③

출제의도

지수가 유리수인 식 계산하기

풀이

$x^2 - 4 = \left(2^{\frac{1}{4}} - 2^{-\frac{1}{4}}\right)^2$이므로

$\sqrt{x^2 - 4} + x$

$= \left(2^{\frac{1}{4}} - 2^{-\frac{1}{4}}\right) + \left(2^{\frac{1}{4}} + 2^{-\frac{1}{4}}\right) = 2^{\frac{5}{4}}$

🎲 **확인문제 03**

정답 ⑤

출제의도

지수법칙을 이용하여 식의 값 구하기

풀이

$x^2 + 4 = 2^{\frac{1}{4}} + 2 + 2^{-\frac{1}{4}} = \left(2^{\frac{1}{8}} + 2^{-\frac{1}{8}}\right)^2$

$\therefore \sqrt{x^2 + 4} = 2^{\frac{1}{8}} + 2^{-\frac{1}{8}} = \sqrt[8]{2} + \dfrac{1}{\sqrt[8]{2}}$

Lec.11

🔊 **예제**

정답 30

풀이

$a = 3^{\frac{1}{6}},\ b = 7^{\frac{1}{5}},\ c = 11^{\frac{1}{2}}$

$(abc)^n = \left(3^{\frac{1}{6}} \times 7^{\frac{1}{5}} \times 11^{\frac{1}{2}}\right)^n$

$3^{\frac{n}{6}} \times 7^{\frac{n}{5}} \times 11^{\frac{n}{2}}$이 자연수이려면,

$\dfrac{n}{6},\ \dfrac{n}{5},\ \dfrac{n}{2}$이 모두 자연수이어야 한다.

따라서, 최소의 자연수 n은 6, 5, 2의 최소공배수이므로 $n = 30$이다.

🎲 **확인문제 01**

정답 ②

풀이

$\dfrac{Q_A}{Q_B} = \dfrac{0.01\, t^{1.25}\, w^{0.25}}{0.05\, t^{0.75}\, w^{0.30}} = \dfrac{t^{0.5}}{5\, w^{0.05}}$이므로

이 식에 $t = 20$, $w = 8$을 대입하면

$\dfrac{Q_A}{Q_B} = \dfrac{20^{0.5}}{5 \times 8^{0.05}} = \dfrac{(4 \times 5)^{0.5}}{5 \times 2^{0.15}}$

$= 2^{0.85} \times 5^{-0.5}$

$\therefore a = 0.85,\ b = -0.5$

따라서 $a + b = 0.35$이다.

🎲 **확인문제 02**

정답 ③

출제의도

지수를 이용하여 실생활 문제를 해결할 수 있는가를 묻는 문제이다.

풀이

$v_A = c\left(\dfrac{\pi a^2}{2\pi a}\right)^{\frac{2}{3}} (0.01)^{\frac{1}{2}} = \dfrac{c}{10}\left(\dfrac{a}{2}\right)^{\frac{2}{3}},$

$v_B = c\left(\dfrac{\pi b^2}{2\pi b}\right)^{\frac{2}{3}} (0.04)^{\frac{1}{2}} = \dfrac{2c}{10}\left(\dfrac{b}{2}\right)^{\frac{2}{3}}$이므로

$\dfrac{v_A}{v_B} = \dfrac{\dfrac{c}{10}\left(\dfrac{a}{2}\right)^{\frac{2}{3}}}{\dfrac{2c}{10}\left(\dfrac{b}{2}\right)^{\frac{2}{3}}} = \dfrac{1}{2}\left(\dfrac{a}{b}\right)^{\frac{2}{3}} = 2$

이때, $\left(\dfrac{a}{b}\right)^{\frac{2}{3}} = 4$이므로 $\dfrac{a}{b} = 8$

Lec.12

📢 예제

정답 ④

풀이

$\overline{\mathrm{AB}} = a - k = a - (-a + \log_2 15)$

$\qquad = 2a - \log_2 15$

$1 < \overline{\mathrm{AB}} < 100$에서

$1 < 2a - \log_2 15 < 100$

$1 + \log_2 15 < 2a < 100 + \log_2 15$

$3 < \log_2 15 < 4$이므로

$4.\cdots < 2a < 103.\cdots$

$2.\cdots < a < 51.\cdots$

따라서, $a = 3,\ 4,\ 5,\ \cdots,\ 51$ 즉, 49개다.

🎲 확인문제 01

정답 ③

풀이

$y = a^{x-m}$과 역함수의 교점은

$y = a^{x-m}$과 $y = x$의 교점이므로

$a^{x-m} = x$

$a^{1-m} = 1 \quad \therefore 1 - m = 0 \quad \therefore m = 1$

$a^{3-1} = 3 \quad \therefore a^2 = 3 \quad \therefore a = \sqrt{3}$

$\therefore a + m = 1 + \sqrt{3}$

🎲 확인문제 02

정답 ④

풀이

지수함수 $y = a^x$의 그래프가

두 점 $(2,\ 9),\ (-2,\ b)$를 지나므로

$9 = a^2 \quad \therefore a = 3\ (\because a > 0)$

$b = 3^{-2} = \dfrac{1}{9}$

$\therefore 9ab = 9 \cdot 3 \cdot \dfrac{1}{9} = 3$

🎲 확인문제 03

정답 ④

풀이

$f(x) = a^x$의 그래프를 y축에 대하여 대칭이동시킨 후 y축의 방향으로 -12만큼 평행이동하면 $g(x) = a^{-x} - 12$의 그래프와 일치한다.

이때 함수 $y = f(x)$의 그래프가 점 $(4,\ 8)$을 지나므로 $a^4 = 8$

$\therefore g(-8) = a^8 - 12 = (a^4)^2 - 12$

$\qquad = 8^2 - 12 = 52$

Lec.13

📢 예제

정답 ①

풀이

$f(x)$는 $x = 3$일 때

최대값 $M = 4^3 = 64$를 갖고,

$g(x)$는 $x = 3$일 때

최소값 $m = \left(\dfrac{1}{2}\right)^3 = \dfrac{1}{8}$을 갖는다.

$\therefore Mm = 8$

🎲 확인문제 01

정답 64

출제의도

최댓값을 구할 수 있는가를 묻는 문제이다.

함수 $f(x) = 2^{-(x-2)^2+a+4}$에서 지수의 최솟값은 a이므로 $2^a = 2^2$ 즉, $a = 2$이다. 이때, 지수의 최댓값은 $a + 4 = 6$이므로 $f(x)$의 최댓값은 $2^6 = 64$이다.

확인문제 02

정답 ②

풀이

$t = 2^{x-2} + 2^{-x}$이라 하면

$2^{x-2} > 0,\ 2^{-x} > 0$이므로

산술평균, 기하평균에 의하여

$t = 2^{x-2} + 2^{-x} \le 2\sqrt{2^{x-2} 2^{-x}} = 1$

$2^x + 2^{2-x} = 4(2^{x-2} + 2^{-x}) = 4t$이므로

주어진 식은

$t^2 - 4t + k = (t-2)^2 + k - 4\ (t \ge 1)$

따라서 최솟값은 $k - 4$이므로 $k - 4 = 4$

$\therefore k = 8$

확인문제 03

정답 ⑤

출제의도

지수함수에서 넓이의 최솟값을 구할 수 있는지 묻는 문제이다.

풀이

직사각형의 가로의 길이는 $\beta - \alpha = 4$이고, 세로의 길이는 $3^\alpha - (-3^{-\beta})$이므로 직사각형의 넓이를 S라 하면

$S = (\beta - \alpha)(3^\alpha + 3^{-\beta})$

$\quad = 4(3^\alpha + 3^{-\alpha-4})$

$\quad \ge 4 \times 2\sqrt{3^\alpha \cdot 3^{-\alpha-4}} = \dfrac{8}{9}$

(단, 등호는 $\alpha = -2,\ \beta = 2$일 때 성립)

따라서 직사각형의 넓이의 최솟값은 $\dfrac{8}{9}$이다.

Lec.14

예제

정답 ④

풀이

$\dfrac{16^x}{2} = 2^{x+3}$에서 $2^{4x-1} = 2^{x+3}$

$4x - 1 = x + 3 \quad \therefore x = \dfrac{4}{3}$

확인문제 01

정답 25

풀이

$4^x - 7 \cdot 2^x + 12 = 0$에서

$(2^x - 3)(2^x - 4) = 0$

따라서 $2^\alpha = 3, 2^\beta = 4$로 놓을 수 있다.

$\therefore 2^{2\alpha} + 2^{2\beta} = (2^\alpha + 2^\beta)^2 - 2 \cdot 2^\alpha \cdot 2^\beta$

$\quad = (3 + 4)^2 - 2 \cdot 3 \cdot 4 = 49 - 24 = 25$

확인문제 02

정답 ⑤

풀이

$2^x + 2^{2-x} = 5,\ 2^x + \dfrac{4}{2^x} = 5$

$2^x = t\,(t > 0)$라 하면

$t + \dfrac{4}{t} = 5$

양변에 t를 곱하여 정리하면

$t^2 - 5t + 4 = 0,\ (t-1)(t-4) = 0$

$\therefore\ t = 1$또는 $t = 4$

$\therefore\ 2^x = 1$ 또는 $2^x = 4$

$\therefore\ x = 0$ 또는 $x = 2$

따라서 모든 실근의 합은 2이다.

확인문제 03

정답 ⑤

풀이

$4^x - 3 \cdot 2^{x+2} + k = 0$ 에서

$(2^x)^2 - 12 \cdot 2^x + k = 0$ 의 두 근이

$\alpha,\ \beta$ 이고 $\alpha + \beta = 5$ 이다.

$2^x = t\ (t > 0)$ 로 놓으면

주어진 방정식은 $t^2 - 12t + k = 0$ 이고

이 방정식의 두 근은 $2^\alpha,\ 2^\beta$ 이므로

$2^\alpha 2^\beta = 2^{\alpha + \beta} = 2^5 = k$

$t^2 - 12t + 32 = 0,\ (t-4)(t-8) = 0$

$t = 4$ 또는 $t = 8$

$\alpha < \beta$ 이므로 $2^\alpha = 4,\ 2^\beta = 8$

$\therefore 2^{3\alpha} + 2^{2\beta} = 4^3 + 8^2 = 128$

Lec.15

예제

정답 ③

풀이

$5 < 3^x < 100$ 에서 $x = 2,3,4$

x의 값의 합은 $2 + 3 + 4 = 9$

확인문제 01

정답 ①

풀이

$\left(\dfrac{1}{3}\right)^x = t\ (t > 0)$ 로 놓으면

$9t^2 - 9t - 54 > 0,\ t^2 - t - 6 > 0$

$(t-3)(t+2) > 0$

$\therefore t < -2$ 또는 $t > 3$

그런데 $t > 0$ 이므로 $t > 3$,

즉 $\left(\dfrac{1}{3}\right)^x > 3$ $\qquad \therefore x < -1$

확인문제 02

정답 ②

풀이

(i) $\left(\dfrac{1}{4}\right)^{x^2} > \left(\dfrac{1}{2}\right)^{7x-5}$ 에서

$\left(\dfrac{1}{2}\right)^{2x^2} > \left(\dfrac{1}{2}\right)^{7x-5}$

밑이 1보다 작으므로

$2x^2 < 7x - 5,\ 2x^2 - 7x + 5 < 0$

$(x-1)(2x-5) < 0$

$\therefore 1 < x < \dfrac{5}{2}$

(ii) $2^a > 2^{x(x-a+1)}$ 에서

밑이 1보다 크므로

$a > x(x-a+1)$,

$x^2 - (a-1)x - a < 0$

$(x-a)(x+1) < 0$

이때 $a > -1$ 이면 $-1 < x < a$ 이고

$a < -1$ 이면 $a < x < -1$ 이다.

따라서 (i), (ii)에서 $A \subset B$ 이기 위해서는

$-1 < x < a$ 이므로 $a \geq \dfrac{5}{2}$ 이어야 한다.

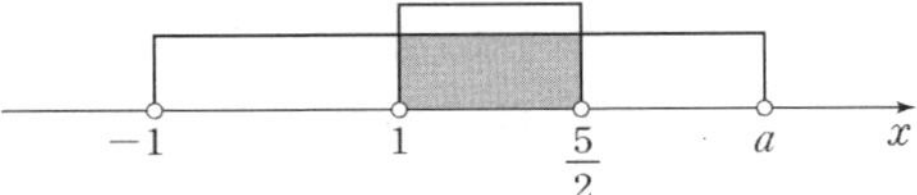

따라서 $A \subset B$ 이기 위한 a의 최솟값은

$\dfrac{5}{2}$ 이다.

Lec.16

예제

정답 ③

풀이

$\log_2 40 - \log_2 5 = \log_2 \dfrac{40}{5}$

$= \log_2 8 = \log_2 2^3 = 3\log_2 2 = 3$

정답 ②

풀이

$$b^a = (2\sqrt{2})^{\log_2 10} = 10^{\log_2 2\sqrt{2}} = 10^{\frac{3}{2}}$$

$$\therefore\ a\log b = \log b^a = \log 10^{\frac{3}{2}} = \frac{3}{2}$$

🎲 확인문제 02

정답 18

출제의도

로그의 밑과 진수 조건 구하기

풀이

밑 $x-3>0$이고 $x-3 \neq 1$이므로
$3<x<4$ 또는 $x>4$이다.
진수 $-x^2+11x-24>0$이므로
$3<x<8$이다.
두 조건을 동시에 만족하는 정수는 5, 6, 7
이다. $\therefore\ 5+6+7=18$

🎲 확인문제 03

정답 ①

풀이

로그의 정의에서 밑은 1이 아닌 양수이
고, 진수는 양수이어야 한다.
ㄱ. 밑의 조건

$$a^2 - a + 2 = \left(a - \frac{1}{2}\right)^2 + \frac{7}{4} > 1$$

진수의 조건 $a^2 + 1 \geqq 1$
따라서 항상 로그를 정의할 수 있다.
ㄴ. (반례) $a=0$일 때
밑은 $2|a|+1=1$이므로 로그를
정의할 수 없다.
ㄷ. (반례) $a=1$일 때
진수는 $a^2 - 2a + 1 = 0$이므로 로그
를 정의할 수 없다.
따라서 항상 로그를 정의할 수 있는 것
은 ㄱ뿐이다.

Lec. 17

🔊 예제

정답 $a = \dfrac{31}{23}$

풀이

$x = R^{\frac{27}{23}}$일 때, $v = \dfrac{1}{2}v_0$이므로

$\dfrac{v_c}{v} = 1 - k\log\dfrac{x}{R}$ 에서

$2 = 1 - k\log R^{\frac{4}{23}}$, $k\log R = -\dfrac{23}{4}$

$x = R^a$일 때, $v = \dfrac{1}{3}v_0$이므로

$3 = 1 - k\log R^{a-1} = 1 - (a-1)k \cdot \log R$

$\therefore\ 2 = \dfrac{23}{4}(a-1)$

$\therefore\ a = \dfrac{31}{23}$

🎲 확인문제 01

정답 ④

풀이

주어진 조건에 따라 다음 식을 만족한다.

$\log a = A - \dfrac{1}{2}\log 1 - \dfrac{4K}{1} \cdots$ ㉠

$\log\dfrac{a}{2} = A - \dfrac{1}{2}\log 4 - \dfrac{d^2 K}{4} \cdots$ ㉡

식 ㉠, ㉡을 정리하면

$\log a = A - 4K \cdots$ ㉢

$\log a = A - \dfrac{d^2 K}{4} \cdots$ ㉣

㉢$-$㉣하면 $\left(\dfrac{d^2}{4} - 4\right)K = 0$

$\therefore\ d = 4\ (\because\ d>0,\ K>0)$

🎲 확인문제 02

정답 ④

A 지점에서의 수신 전력을 S_A,

B 지점에서의 수신 전력을 S_B 라고 하면

$$S_A = p - 20 \log \left(\frac{4\pi f R_A}{c} \right) = -25$$

$$S_B = p - 20 \log \left(\frac{4\pi f R_B}{c} \right) = -5$$

$$S_B - S_A$$

$$= 20 \left\{ \log \frac{4\pi f R_A}{c} - \log \frac{4\pi f R_B}{c} \right\}$$

$$= 20 \log \frac{\dfrac{4\pi f R_A}{c}}{\dfrac{4\pi f R_B}{c}}$$

$$20 \log \frac{R_A}{R_B} = 20 \qquad \therefore \ \frac{R_A}{R_B} = 10$$

Lec. 18

예제

정답 ⑤

풀이

$\log 54 = 1 + \log 5.4$ 이므로

$f(54) = 1$, $g(54) = \log 5.4$

따라서, 주어진 부등식은

$f(n) \leq 1$, $g(n) \leq \log 5.4$ ...... ㉠

n 은 자연수이므로

$f(n) = 0$ 또는 $f(n) = 1$

ⅰ) $f(n) = 0$ 일 때 ㉠에서

$\quad 0 \leq \log n - 0 \leq \log 5.4$

$\quad 1 \leq n \leq 5.4$

$\quad \therefore \ n = 1,\ 2,\ 3,\ 4,\ 5$

ⅱ) $f(n) = 1$ 일 때 ㉠에서

$\quad 0 \leq \log n - 1 \leq \log 5.4$

$\quad \log 10 \leq \log n \leq \log 54$

$\quad 10 \leq n \leq 54$

$\therefore \ n = 10,\ 11,\ \cdots,\ 54$

따라서 ⅰ), ⅱ)로부터 구하는 n 의 개수는 $5 + 45 = 50$

확인문제 01

정답 77

풀이

가수 α 의 범위는 $0 \leq \alpha < 1$ 이므로

(ⅰ) $n = 0$ 일 때

$\quad n \leq 2\alpha$ 에서 $0 \leq \alpha < 1$ 이므로

$\quad$ 따라서 만족하는 자연수 A 는

$\quad 1,\ 2,\ 3,\ \cdots,\ 9$ 이므로 9개다.

(ⅱ) $n = 1$ 일 때

$\quad 1 \leq 2\alpha$ 에서 $\dfrac{1}{2} \leq \alpha < 1$ 이므로

$\quad$ 이때 $3.1 < \sqrt{10} < 3.2$ 이므로

$\quad \log 3.1 < \dfrac{1}{2} < \log 3.2$

$\quad$ 따라서 만족하는 자연수 A 는

$\quad 32,\ 33,\ 34,\ \cdots,\ 99$ 이므로 68개다.

(ⅰ), (ⅱ)에 의하여 구하고자 하는 자연수 A 의 개수는 $9 + 68 = 77$

확인문제 02

정답 ③

풀이

$1 \leq n \leq 9$ 일 때,

$\log n$ 의 지표는 0이므로

가수 $f(n)$ 의 값은

$\log 1, \log 2, \log 3, \cdots, \log 9$ ... ㉠의

9개이고, 이들은 서로 다른 값이다.

$10 \leq n \leq 99$ 일 때,

$\log n$ 의 지표는 1이므로

가수 $f(n)$ 의 값은

$\log \dfrac{10}{10}, \log \dfrac{11}{10}, \log \dfrac{12}{10}, \cdots, \log \dfrac{99}{10}$ ... ㉡의

90개이고, 이들은 서로 다른 값이며,

이들 중

$\log\dfrac{10}{10}, \log\dfrac{20}{10}, \log\dfrac{30}{10}, \cdots, \log\dfrac{90}{10}$ 의

9개는 ㉠의 값과 중복된다.

$100 \leq n \leq 150$ 일 때,

$\log n$ 의 지표는 2이므로

가수 $f(n)$ 의 값은

$\log\dfrac{100}{100}, \log\dfrac{101}{100}, \log\dfrac{102}{100}, \cdots, \log\dfrac{150}{100}$ 의

51개이고, 이들은 서로 다른 값이며,

이들 중

$\log\dfrac{100}{100}, \log\dfrac{110}{100}, \log\dfrac{120}{100}, \cdots, \log\dfrac{150}{100}$ 의

6개는 ㉠,㉡의 값과 중복된다.

따라서 집합 A 의 원소의 개수는

$9 + (90 - 9) + (51 - 6) = 135$ (개)이다.

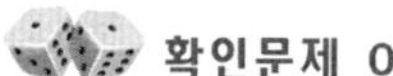 **확인문제 03**

정답 48

출제의도

상용로그의 지표와 가수의 성질을 이해하고 있는가를 묻는 문제이다.

풀이

(가)에서 $1 \leq \log M < 2$ 임을 알 수 있고 (가)에 의해

$\log M = 21 + \alpha \ (0 \leq \alpha < 1)$ 라 하면

$\log M^2 = 2 + 2\alpha = 2\log M$ 에서

$2 \leq \log M^2 < 3$ 이므로

$0 \leq 2\alpha < 1$ 즉 $0 \leq \alpha < \dfrac{1}{2}$ 이다.

이때, (다)는 $\log M$ 과 $\log M^2$ 의 가수의 합이 1임을 나타내므로

$\log M + \log M^2 = 3 + 3\alpha$ 는 정수이다.

$0 \leq 3\alpha < 3$ 이므로

$3\alpha = 0, 1, 2$ 이고 $\alpha = \dfrac{1}{3}$

$\left(\because \text{가수의 합이1이고 } 0 \leq \alpha < \dfrac{1}{2} \right)$

$\log M = 1 + \dfrac{1}{3} = \dfrac{4}{3}$

$\therefore 36\log M = 36 \times \dfrac{4}{3} = 48$

Lec.19

예제

정답 ②

풀이

곡선 $y = \log_2 (ax + b)$ 가

점 $(-1, 0)$ 과 점 $(0, 2)$ 를 지나므로

$0 = \log_2 (-a + b)$ 에서

$-a + b = 2^0 = 1 \cdots$ ㉠

$2 = \log_2 b, \ b = 2^2 = 4$

㉠에서 $a = b - 1 = 4 - 1 = 3$

$\therefore a + b = 3 = 4 = 7$

확인문제 01

정답 ①

풀이

함수 $y = \log_2 x$ 의 그래프를

x 축의 방향으로 m 만큼 평행이동시킨 그래프의 식은 $y = \log_2 (x - m)$ 이다.

이 그래프가 $(1, 3)$ 을 지나므로

$3 = \log_2 (1 - m)$

$2^3 = 1 - m, \ \therefore \ m = -7$

함수 $y = \log_2 x$ 의 그래프를 y 축의 방향으로 n 만큼 평행이동시킨 그래프의 식은 $y = \log_2 x + n$ 이다.

이 그래프가 점 $(1, 3)$ 을 지나므로

$3 = \log_2 1 + n$

$\therefore n = 3, \therefore m + n = -7 + 3 = -4$

정답 ①

풀이

함수 $y = \log_2 (x+1)$ 의 역함수를 구하면

$x = \log_2 (y+1),\ y+1 = 2^x$

$\therefore\ y = 2^x - 1$

따라서

두 곡선 $y = 2^x - 1$ 과 $y = \log_2 (x+1)$ 은 직선 $y = x$ 에 대하여 대칭이다.

두 점 A, B를 지나는 직선의 기울기가 -1이므로 두 점 A, B는 직선 $y = x$ 에 대하여 대칭이고 점 B의 좌표는 $(3, 2)$ 이다.

$\overline{AC} = 3,\ \overline{BD} = 2,\ \overline{CD} = 1$ 이므로 구하는 넓이는

$\dfrac{1}{2} \times (\overline{AC} + \overline{BD}) \times \overline{CD}$

$= \dfrac{1}{2} \times (3+2) \times 1 = \dfrac{5}{2}$

Lec.20

🔊 예제

정답 ③

풀이

$f(x) = x^2 - 4x + 31$ 로 놓으면

$f(x) = (x-2)^2 + 27$ 에서

$f(x)$ 의 최솟값이 27 이므로

$y = 3 + \log_3 (x^2 - 4x + 3)$ 의 최솟값은

$3 + \log_3 27 = 3 + 3 = 6$

🎲 확인문제 01

정답 13

풀이

$\log_3 x = t\,(0 \le t \le 4)$라 두면

$y = t(-t) + 2t + 10$

$\quad = -t^2 + 2t + 10$

$\quad = -(t-1)^2 + 11$

(i) $t = 4$일 때, 최솟값 $m = 2$

(ii) $t = 1$일 때, 최댓값 $M = 11$

$\therefore\ M + m = 13$

🎲 확인문제 02

정답 64

출제의도

로그함수의 밑의 성질을 이용한 그래프 이해하기

풀이

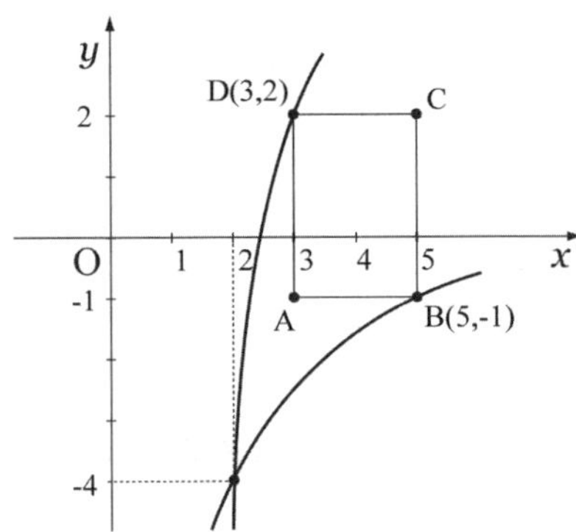

$y = \log_a (x-1) - 4$가 $(2, -4)$를 항상 지나므로 직사각형과 만나려면 $a > 1$

따라서,

$y = \log_a (x-1) - 4$는 증가함수이므로

$B(5, -1)$을 지날 때,

a의 최댓값 $M = 4^{\frac{1}{3}}$

$D(3, 2)$를 지날 때,

a의 최솟값 $N = 2^{\frac{1}{6}}$

$\left(\dfrac{M}{N}\right)^{12} = 64$

🎲 확인문제 03

정답 246

함수의 최대, 최소 구하기

풀이

$f(x) = 9x^{-2+\log_3 x}$ 의 양변에

밑이 3인 로그를 취하면

$$\log_3 f(x) = \log_3 9 + \log_3 x^{-2+\log_3 x}$$
$$= 2 + (-2+\log_3 x)\log_3 x$$

$\log_3 x = t$ 라 하면

$\dfrac{1}{3} \le x \le 3$ 에서 $-1 \le t \le 1$ 이다.

$$\log_3 f(x)$$
$$= t^2 - 2t + 2 = (t-1)^2 + 1 \text{에서}$$

$t = -1$ 일 때, 최댓값 $M = 243$

$t = 1$ 일 때, 최솟값 $m = 3$ 이므로

$M + m = 246$ 이다.

Lec.21

예제

정답 12

풀이

$$\log_3(x-4) = \log_{3^2}(5x+4)$$

$$\log_3(x-4) = \frac{1}{2}\log_3(5x+4)$$

$$2\log_3(x-4) = \log_3(5x+4)$$

$$\log_3(x-4)^2 = \log_3(5x+4)$$

$$(x-4)^2 = 5x+4, \quad x^2 - 13x + 12 = 0$$

$$(x-1)(x-12) = 0$$

$$\therefore x = 1 \text{ 또는 } x = 12$$

이때 진수조건에 의하여 $x > 4$ 이므로

$\alpha = 12$

확인문제 01

정답 11

풀이

진수의 조건에 의하여

$(x-1)^2 > 0$ 이므로 $x \ne 1$ 이다.

$$\log_2(x-1)^2 = 4\log_2 \sqrt{10}$$

$$\log_2(x-1)^2 = \log_2(\sqrt{10})^4 = \log_2 100$$

$$(x-1)^2 = 100, \quad x-1 = \pm 10$$

$$x = 11 \text{ 또는 } x = -9$$

따라서 방정식을 만족시키는 양수 x 의

값은 11이다.

확인문제 02

정답 ②

풀이

$$\log_x 3 = \frac{1}{\log_3 x} \text{ 이므로}$$

$$\log_3 x - 4 \cdot \frac{1}{\log_3 x} + 3 = 0$$

양변에 $\log_3 x$ 를 곱하면

$$(\log_3 x)^2 + 3\log_3 x - 4 = 0$$

$$(\log_3 x + 4)(\log_3 x - 1) = 0$$

$$\log_3 x = -4 \text{ 또는 } \log_3 x = 1$$

$$x = 3^{-4} \text{ 또는 } x = 3$$

$$\therefore \alpha\beta = 3^{-4} \cdot 3 = 3^{-3}$$

확인문제 03

정답 ②

풀이

교점의 개수를 구하면 된다.

$\log_3 x + \log_3 y = (\log_3 xy)^2$ 에서

로그 방정식을 풀면

$$y = \frac{1}{x}, \quad y = \frac{3}{x} \ (x > 0) \text{ 와}$$

$|x| + |y| = 2$ 의 교점은 1개

Lec.22

🔊 예제

정답 14

풀이

로그의 진수의 조건에서

$x > 0$, $12x + 28 > 0$이므로 $x > 0 \cdots$ ㉠

주어진 로그부등식은

$$\log_2 x \leqq \frac{\log_2 (12x + 28)}{\log_2 4}$$

$\log_2 x^2 \leqq \log_2 (12x + 28)$이다. 따라서

$x^2 \leqq 12x + 28$, $x^2 - 12x - 28 \leqq 0$

$(x - 14)(x + 2) \leqq 0$

$\therefore -2 \leqq x \leqq 14 \cdots$ ㉡

㉠,㉡에서 $0 < x \leqq 14$

따라서 주어진 로그부등식을 만족하는 자연수 x의 개수는 14(개)이다.

🎲 확인문제 01

정답 4

출제의도

로그부등식을 풀기

풀이

$x^2 - x - 2 \leqq 10 \Leftrightarrow -3 \leqq x \leqq 4$

한편,

$x^2 - x - 2 > 0 \Leftrightarrow x < -1, x > 2$ 이므로

$-3 \leqq x < -1$, $2 < x \leqq 4$

정수갯수는 4개

🎲 확인문제 02

정답 11

풀이

진수의 조건에서

$7 - x > 0$ 이고 $7 + x > 0$ 이므로

$-7 < x < 7 \cdots$ ㉠

로그의 성질을 이용하면

$\log_2 (7 - x)(7 + x) > 4$

로그의 밑이 2이므로

$(7 - x)(7 + x) > 2^4$

$49 - x^2 > 16$, $x^2 - 33 < 0 \cdots$ ㉡

㉠, ㉡을 만족시키는 정수 x는

$-5, -4, -3 -2, -1, 0, 1, 2, 3, 4, 5$

의 11개다.

🎲 확인문제 03

정답 ④

풀이

진수의 조건에 의하여

$x - 1 > 0$ $\quad \therefore x > 1$ $\cdots$ ㉠

$\log_{\frac{1}{3}} (x - 1) > -2$ 에서

밑 $\dfrac{1}{3}$ 이 0보다 크고 1보다 작으므로

$x - 1 < \left(\dfrac{1}{3}\right)^{-2} = 9$

$\therefore x < 10$ $\cdots$ ㉡

㉠,㉡에서 $1 < x < 10$

$\therefore \alpha + \beta = 1 + 10 = 11$

Lec.23

🔊 예제

정답 12

풀이

수열 $\{a_n\}$이 등차수열이므로

공차를 d라 하면 $a_2 + a_4 = 8$에서

$(a_1 + d) + (a_1 + 3d) = 8$

즉, $2a_1 + 4d = 8$

$\therefore a_1 + 2d = 4 \cdots$ ㉠

$a_7 = 52$에서 $a_1 + 6d = 52 \cdots$ ㉡

㉠, ㉡에서 $4d = 48$

$\therefore\ d = 12$

🎲 확인문제 01

정답 ②

풀이

$a_n = a_1 + (n-1)d = a_1 + 6(n-1)$

$|\,a_2 - 3\,| = |\,a_1 + 3\,|$

$|\,a_3 - 3\,| = |\,a_1 + 9\,|$

그러므로,

$|\,a_1 + 3\,| = |\,a_1 + 9\,|$ 가 된다.

$a_1 + 3 = \pm(a_1 + 9)$

따라서 $a_1 = -6$　$\therefore\ a_5 = 18$

🎲 확인문제 02

정답 32

풀이

등차수열 $\{a_n\}$의 공차가 2이므로

$a_1 + a_5 + a_9$

$= a_1 + (a_1 + 4\cdot 2) + (a_1 + 8\cdot 2)$

$= 3a_1 + 24 = 45$

따라서 $3a_1 = 21$에서 $a_1 = 7$이므로

$a_1 + a_{10} = a_1 + (a_1 + 9\cdot 2)$

$= 2a_1 + 18 = 2\cdot 7 + 18 = 32$

다른풀이

$\{a_n\}$이 등차수열이므로 $a_1 + a_9 = 2a_5$

$\therefore\ a_1 + a_9 = \dfrac{2}{3}\times 45 = 30$

$\therefore\ a_1 + a_{10} = a_1 + (a_9 + 2)$

$\qquad\qquad\quad = (a_1 + a_9) + 2 = 32$

🎲 확인문제 03

정답 38

풀이

$a_2 = a + d = 3$　$\cdots\cdots$ ㉠

$a_5 = a + 4d = 24$　$\cdots\cdots$ ㉡

㉡ $-$ ㉠을 하면 $3d = 21$

$\therefore\ d = 7,\ a = -4$

$\therefore\ a_7 = a + 6d = (-4) + 42 = 38$

Lec.24

🔊 예제

정답 -1

풀이

$a_n = 6 + (n-1)\cdot d$에서

$a_8 - a_6 = 2d$

$S_8 - S_6 = a_7 + a_8 = 12 + 13d$

$\dfrac{2d}{12 + 13d} = 2$에서　$\therefore\ d = -1$

🎲 확인문제 01

정답 ⑤

풀이

$a_{11} = -5 + 2\cdot 10 = 15$

$a_{20} = -5 + 2\cdot 19 = 33$

$\therefore\ \displaystyle\sum_{k=11}^{20} = \dfrac{10(a_{11} + a_{20})}{2}$

$\qquad\qquad\quad = \dfrac{(15 + 33)}{2}\qquad = 240$

🎲 확인문제 02

정답 ①

풀이

수열 $\{a_n\}$은 등차수열이므로

공차를 d라 하면

$d = a_3 - a_2 = 3,\ a_1 = a_2 - d = -4$

따라서 첫째항부터 제 10항까지의 합을

S_{10}이라고 하면

$S_{10} = \dfrac{10(-8 + 9\times 3)}{2} = 95$

🎲 **확인문제 03**

정답 ④

출제의도

수열의 합을 이용하여 일반항 구하기

풀이

$a_n = S_n - S_{n-1} (n \geq 2)$
$= 2n^2 + 3n - \{2(n-1)^2 + 3(n-1)\}$
$= 4n + 1$
$a_1 = S_1$이므로 $a_n = 4n + 1 (n \geq 1)$

Lec.25

🔊 **예제**

정답 46

풀이

$a_2 - a_1 = 3,$
$a_3 - a_2 = 3 \cdot 2$
$a_4 - a_3 = 3 \cdot 2^2$
$a_5 - a_4 = 3 \cdot 2^3$
$\therefore a_5 = a_4 + 24 = (a_3 + 12) + 24$
$\qquad = 10 + 12 + 24 = 46$

🎲 **확인문제 01**

정답 ④

출제의도

등비수열의 뜻 이해하기

풀이

$a + b = 4, \ a + b + c = 13$에서
$a(1 + r) = 4, \ a(1 + r + r^2) = 13$이므로
$\dfrac{r^2 + r + 1}{r + 1} = \dfrac{13}{4}, \ 4r^2 - 9r - 9 = 0$
$\therefore r = 3 \ \text{또는} \ r = -\dfrac{3}{4}$
따라서 모든 항이 양수이므로 $r = 3$

🎲 **확인문제 02**

정답 128

풀이

첫째항을 a, 공비를 r 라 하면
$a_3 = ar^2 = 2 \quad \cdots\cdots \text{㉠}$
$a_6 = ar^5 = 16 \quad \cdots\cdots \text{㉡}$
㉡÷㉠에서 $r^3 = 8 \ \therefore r = 2 \ \therefore a = \dfrac{1}{2}$
$\therefore a_9 = ar^8 = \dfrac{1}{2} \cdot 2^8 = 128$

별해

수열 $\{a_n\}$이 등비수열일 때, $a_3, \ a_6, \ a_9$ 도
이 순서로 등비수열을 이루므로
$(a_6)^2 = a_3 \times a_9$
$\therefore a_9 = \dfrac{16^2}{2} = 128$

🎲 **확인문제 03**

정답 10

풀이

$a, \ a+b, \ 2a-b$가 등차수열이므로
$2(a + b) = 3a - b$
$\therefore a = 3b$
$1, \ a-1, \ 3b-1$이 등비수열이므로
$(a - 1)^2 = 3b + 1,$
$(a - 1)^2 = a + 1,$
$a^2 - 3a = 0$
$\therefore a = 0 \ \text{또는} \ a = 3$
공비가 양수이므로 $a = 3, \ b = 1$
$\therefore a^2 + b^2 = 3^2 + 1^2 = 10$

Lec.26

🔊 **예제**

정답 19

등비수열 $\{a_n\}$의

첫째항을 a, 공비를 r라 하면

$$a_2 = ar = \frac{1}{2} \quad \cdots \text{㉠}$$

$$a_5 = ar^4 = \frac{1}{6} \quad \cdots \text{㉡}$$

㉠, ㉡에서 $r^3 = \frac{1}{3}$

㉠의 양변을 세제곱하면 $(ar)^3 = \frac{1}{8}$

따라서 $a^3 \times \frac{1}{3} = \frac{1}{8}$ 이므로 $a^3 = \frac{3}{8}$

$a_n a_{n+1} a_{n+2}$

$= ar^{n-1} ar^n ar^{n+1}$

$= a^3 r^{3n} = \frac{3}{8} \cdot \left(\frac{1}{3}\right)^n$

따라서 수열 $\{a_n a_{n+1} a_{n+2}\}$은

첫째항이 $\frac{3}{8} \times \frac{1}{3} = \frac{1}{8}$ 이고 공비가 $\frac{1}{3}$ 인

등비수열이다.

$$\therefore \sum_{n=1}^{\infty} a_n a_{n+1} a_{n+2}$$

$$= \frac{\dfrac{1}{8}}{1 - \dfrac{1}{3}} = \frac{\dfrac{1}{8}}{\dfrac{2}{3}} = \frac{3}{16}$$

$$\therefore p + q = 16 + 3 = 19$$

다른풀이

공비가 r인 등비수열 $\{a_n\}$에 대하여

$(a_{n+1})^2 = a_n a_{n+2}$이므로

수열 $\{a_n a_{n+1} a_{n+2}\}$ 즉, $\{(a_{n+1})^3\}$은 첫

째항이 a_2^3, 공비가 r^3인 등비수열이다.

$$\therefore \sum_{n=1}^{\infty} a_n a_{n+1} a_{n+2}$$

$$= \frac{a_2^3}{1 - r^3} = \frac{\dfrac{1}{8}}{1 - \dfrac{1}{3}} = \frac{\dfrac{1}{8}}{\dfrac{2}{3}} = \frac{3}{16}$$

확인문제 01

정답 ②

출제의도

a_n 과 S_n 사이의 관계를 알고 있는가를 묻는 문제이다.

풀이

$$a_7 = S_7 - S_6 = 320$$

확인문제 02

정답 ②

출제의도

등비수열의 합을 이해하고 있는가를 묻는 문제이다.

풀이

등비수열의 첫째항을 a, 공비를 r라 하면

$a_1 + a_2 + a_3 + a_4 + a_5$

$= a + ar + ar^2 + ar^3 + ar^4$

$= a(1 + r + r^2 + r^3 + r^4) = \dfrac{31}{2}$

$a_1 a_2 a_3 a_4 a_5$

$= a \cdot ar \cdot ar^2 \cdot ar^3 \cdot ar^4 = a^5 r^{10} = 32$

$\therefore ar^2 = 2$

$\dfrac{1}{a_1} + \dfrac{1}{a_2} + \dfrac{1}{a_3} + \dfrac{1}{a_4} + \dfrac{1}{a_5}$

$= \dfrac{1}{a} + \dfrac{1}{ar} + \dfrac{1}{ar^2} + \dfrac{1}{ar^3} + \dfrac{1}{ar^4}$

$= \dfrac{1}{ar^4}(1 + r + r^2 + r^3 + r^4)$

$= \dfrac{a}{(ar^2)^2}(1 + r + r^2 + r^3 + r^4) = \dfrac{31}{8}$

확인문제 03

정답 ②

풀이

$$S_n = \frac{3^n - 1}{2},$$

$$S_n + p = \frac{3^n - 1}{2} + p = \frac{3}{2} \cdot 3^{n-1} + \frac{2p - 1}{2}$$

그런데 $S_n + p$ 가 등비수열이므로

$$\frac{2p-1}{2} = 0$$

$$\therefore p = \frac{1}{2}$$

Lec.27

🔊 예제

정답 21

풀이

$$a_n = \sum_{k=1}^{n} a_k - \sum_{k=1}^{n-1} a_k$$

$$= \log\frac{(n+1)(n+2)}{2} - \log\frac{n(n+1)}{2}$$

$$= \log\frac{n+2}{n} \ (n \geq 2)$$

이때 $n=1$이면 $a_1 = \sum_{k=1}^{1} a_k = \log 3$이므로

$$a_n = \log\frac{n+2}{n} \ (n \geq 1)$$

$$\therefore p = \sum_{k=1}^{20} a_{2k}$$

$$= \sum_{k=1}^{20} \log\frac{2k+2}{2k} = \sum_{k=1}^{20} \log\frac{k+1}{k}$$

$$= \log\frac{2}{1} + \log\frac{3}{2} + \cdots + \log\frac{21}{20}$$

$$= \log\left(\frac{2}{1} \times \frac{3}{2} \times \cdots \times \frac{21}{20}\right)$$

$$= \log 21$$

$$\therefore 10^p = 10^{\log 21} = 21$$

🎲 확인문제 01

정답 ⑤

출제의도

$\sum$의 성질을 이해하기

풀이

$$(준식) = 1^3 + 2^3 + 3^3 + \cdots + 12^3$$

$$= \sum_{k=1}^{12} k^3 = 6084$$

🎲 확인문제 02

정답 100

풀이

$n=2$일 때, $\{3, 3^3\}$이므로

$S = \{3^4\}$ 즉, $f(2) = 1$

$n=3$일 때, $\{3, 3^3, 3^5\}$이므로

$S = \{3^4, 3^6, 3^8\}$ 즉, $f(3) = 3$

$n=4$일 때 $\{3, 3^3, 3^5, 3^7\}$이므로

$S = \{3^4, 3^6, 3^8, 3^{10}, 3^{12}\}$ 즉, $f(4) = 5$

$$\vdots$$

$n=k$일 때, $\{3, 3^3, \cdots, 3^{2k-1}\}$이므로

$S = \{3^4, 3^6, \cdots, 3^{4(k-1)}\}$

즉, $f(k) = 2k - 3$

$$\therefore \sum_{n=2}^{11} f(n) = \sum_{n=2}^{11} (2n-3)$$

$$= 1 + 3 + 5 + \cdots + 19$$

$$= 10^2 = 100$$

🎲 확인문제 03

정답 13

풀이

등차수열 $\{a_n\}$의 공차를 $d\,(d \neq 0)$라 하면

$a_n = 0 + (n-1)d$에서 $\therefore a_{n+1} = dn$

이 때,

$$\sum_{k=1}^{n} a_k = \sum_{k=1}^{n} d(k-1) = d \times \frac{n(n-1)}{2}$$

이고, $a_{n+1} b_n = dn \cdot b_n = \frac{dn(n-1)}{2}$

이어야 하므로

$$b_n = \frac{n-1}{2} \ (단, \ n = 1,2,3,\cdots)$$

$$\therefore b_{27} = \frac{27-1}{2} = 13$$

예제

정답 ①

풀이

$a_{10} = a_1 + \sum_{k=1}^{9} b_k$이므로

$a_{10} - a_1 = \sum_{k=1}^{9} b_k = \sum_{k=1}^{9} (2k-1)$

$$= 2 \times \frac{9 \times 10}{2} - 9 = 90 - 9 = 81$$

확인문제 01

정답 ③

풀이

수열 $\{a_n\}$의 계차수열이 $\{b_n\}$이므로

$a_{n+1} - a_n = b_n$

(나)에서 $b_n = a_n$이므로 $a_{n+1} - a_n = a_n$

$\therefore a_{n+1} = 2a_n$

따라서 수열 $\{a_n\}$의 $a_1 = 1$이고 공비가 2인 등비수열이므로 일반항은 $a_n = 2^{n-1}$이다.

$$\therefore \sum_{k=1}^{6} a_k = \sum_{k=1}^{6} 2^{k-1}$$

$$= \frac{1 \times (2^6 - 1)}{2 - 1} = 63$$

다른풀이

주어진 조건을 만족시키는 두 수열 $\{a_n\}$, $\{b_n\}$의 각항을 차례로 나열하면 다음과 같다.

$\{a_n\} : 1, 2, 4, 8, 16, 32, \cdots$

$\{b_n\} : \ 1, 2, 4, 8, 16, \cdots$

$$\therefore \sum_{k=1}^{6} a_k = 1 + 2 + 4 + 8 + 16 + 32 = 63$$

확인문제 02

정답 ③

풀이

수열 $\{a_n\}$의 각 항을 차례로 나열하면

$-1, 2, -3, 4, -5, 6, \cdots$

이므로 계차수열 $\{b_n\}$의 각항을 차례로 나열하면 $3, -5, 7, -9, 11, \cdots$

따라서 수열 $\{b_{2n-1}\}$은 첫째항이 3, 공차가 4인 등차수열이다.

따라서

$b_{2n-1} = 3 + (n-1) \cdot 4 = 4n - 1$이므로

$$\therefore \sum_{k=1}^{10} b_{2k-1}$$

$$= \sum_{k=1}^{10} (4k-1)$$

$$= 4 \times \frac{10 \times 11}{2} = 210$$

다른풀이

$b_{2k-1} = a_{2k} - a_{2k-1}$

$$= \frac{2k}{(-1)^{2k}} - \frac{2k-1}{(-1)^{2k-1}}$$

$= 2k + (2k-1) = 4k - 1$이므로

$$\therefore \sum_{k=1}^{10} b_{2k-1} = \sum_{k=1}^{10} (4k-1)$$

$$= 4 \times \frac{10 \times 11}{2} = 210$$

예제

정답 ④

풀이

$$\frac{a_{k+1} - a_k}{a_k a_{k+1}} = \frac{1}{a_k} - \frac{1}{a_{k+1}}$$이므로

$$\sum_{k=1}^{10} \frac{a_{k+1} - a_k}{a_k a_{k+1}}$$

$$= \sum_{k=1}^{10} \left(\frac{1}{a_k} - \frac{1}{a_{k+1}} \right)$$

$$= \left(\frac{1}{a_1} - \frac{1}{a_2} \right) + \left(\frac{1}{a_2} - \frac{1}{a_3} \right) + \cdots + \left(\frac{1}{a_{10}} - \frac{1}{a_{11}} \right)$$

$$= \frac{1}{a_1} - \frac{1}{a_{11}} = \frac{1}{1} - \frac{1}{a_{11}} = \frac{1}{10} \text{이므로}$$

따라서 $a_{11} = 1 - \dfrac{1}{10} = \dfrac{9}{10}$

$$\therefore \ a_{11} = \frac{10}{9}$$

확인문제 01

정답 ④

풀이

$$\sum_{k=1}^{80} \log \frac{k+1}{k}$$

$$= \log \frac{2}{1} + \log \frac{3}{2} + \log \frac{4}{3} + \cdots + \log \frac{81}{80}$$

$$= \log \left(\frac{2}{1} \times \log \frac{3}{2} \times \log \frac{4}{3} \times \cdots \times \log \frac{81}{80} \right)$$

$$= \log 81 = 4 \log 3$$

다른풀이

$$\sum_{k=1}^{80} \log \frac{k+1}{k}$$

$$= \log \frac{2}{1} + \log \frac{3}{2} + \log \frac{4}{3} + \cdots + \log \frac{81}{80}$$

$$= (\log 2 - \log 1) + (\log 3 - \log 2) + \cdots + $$
$$(\log 81 - \log 80)$$

$$= -\log 1 + \log 81$$

$$= 4 \log 3$$

확인문제 02

정답 ⑤

풀이

$$\sqrt{k^2 + k} - \sqrt{k^2 - k}$$
$$= \sqrt{k(k+1)} - \sqrt{k(k-1)} \text{이므로}$$

$$\sum_{k=1}^{24} \left(\sqrt{k^2 + k} - \sqrt{k^2 - k} \right)$$

$$= \sum_{k=1}^{24} \left\{ \sqrt{k(k+1)} - \sqrt{k(k-1)} \right\}$$

$$= \left(\sqrt{1 \times 2} - \sqrt{1 \times 0} \right)$$
$$+ \left(\sqrt{2 \times 3} - \sqrt{2 \times 1} \right)$$
$$+ \left(\sqrt{3 \times 4} - \sqrt{3 \times 2} \right)$$
$$+ \cdots + \left(\sqrt{24 \times 25} - \sqrt{24 \times 23} \right)$$

$$= \sqrt{24 \times 25} = 10 \sqrt{6}$$

확인문제 03

정답 154

풀이

$1 \leq k < 10$일 때,

$0 \leq \log k < 1$이므로 $f(k) = 0$

$10 \leq k < 100$일 때,

$1 \leq \log k < 2$이므로 $f(k) = 1$

이상에서 $\displaystyle\sum_{k=1}^{99} f(k) = 0 \times 9 + 1 = 90$이다

한편, $100 \leq k < 1000$일 때,

$2 \leq \log k < 3$이므로 $f(k) = 2$

$100 \leq m < 1000$일 때,

$$\sum_{k=1}^{m} f(k) = \sum_{k=1}^{99} f(k) + \sum_{k=100}^{m} f(k)$$

$$= 90 + 2(m - 100 + 1)$$

$$= 2m - 108 = 200$$

$2m = 308 \quad \therefore \ m = 154$

Lec.30

예제

정답 38

풀이

주어진 식의 양변에 상용로그를 취하면

$$n \log a_{n+1} = (n+1) \log a_n + 1$$

이다. 양변을 $n(n+1)$로 나누면

$$\frac{\log a_{n+1}}{n+1} = \frac{\log a_n}{n} + \left(\frac{1}{n(n+1)}\right)$$

$b_n = \dfrac{\log a_n}{n}$ 이라 하면 $b_1 = 1$이고

$$b_{n+1} = b_n + \left(\frac{1}{n(n+1)}\right)$$

이다. 수열 $\{b_n\}$의 일반항을 구하면

$$b_n = b_1 + \sum_{k=1}^{n-1} \frac{1}{k(k+1)}$$

$$= 1 + \sum_{k=1}^{n-1} \left(\frac{1}{k} - \frac{1}{k+1}\right)$$

$$= 1 + \left(1 - \frac{1}{n}\right) = \left(2 - \frac{1}{n}\right)$$ 이므로

$$\log a_n = n \times \left(2 - \frac{1}{n}\right)$$ 이다.

$$\therefore f(n) = \frac{1}{n(n+1)}$$ 이고

$$g(n) = 2 - \frac{1}{n}$$ 이므로

$$\frac{g(10)}{f(4)} = \frac{2 - \dfrac{1}{10}}{\dfrac{1}{4 \times 5}} = 38$$

 **확인문제 01**

정답 ①

출제의도

수열의 귀납적 정의를 알고 추론하기

풀이

$$f(n) = \frac{n+1}{n}, \quad g(n) = 5n$$ 이므로

$$f(5) \times g(10) = 60$$

확인문제 02

정답 ②

풀이

자연수 n에 대하여

$$S_{n+1} = S_n + a_{n+1}$$ 이므로

$$nS_{n+1} = (n+2)S_n + (n+1)^3$$ 에서

$$n(S_n + a_{n+1}) = nS_n + 2S_n + (n+1)^3$$

$$\therefore na_{n+1} = 2S_n + (n+1)^3 (n \geq 2)$$

$$\cdots\cdots \ \bigcirc$$

2이상의 자연수 n에 대하여 $\bigcirc$의 식에 n 대신 $n-1$을 대입하면

$$(n-1)a_n = 2S_{n-1} + n^3 \cdots\cdots \ \bigcirc\!\!\bigcirc$$ 이고,

$\bigcirc$에서 $\bigcirc\!\!\bigcirc$을 뺀 식으로부터

$$na_{n+1} - (n-1)a_n$$

$$= 2(S_n - S_{n-1}) + (n+1)^3 - n^3$$

$$2a_n + 3n^2 + 3n + 1$$

$$\therefore na_{n+1} = (n+1)a_n + \boxed{3n^2 + 3n + 1}$$

를 얻는다.

양변을 $n(n+1)$로 나누면

$$\frac{a_{n+1}}{n+1} = \frac{a_n}{n} + \frac{\boxed{3n^2 + 3n + 1}}{n(n+1)}$$

$$= \frac{a_n}{n} + 3 + \frac{1}{n(n+1)}$$ 이다.

$b_n = \dfrac{a_n}{n}$ 이라 하면,

$$b_{n+1} = b_n + 3 + \boxed{\frac{1}{n(n+1)}} (n \geq 2)$$

이므로

$$b_n = b_2 + \sum_{k=2}^{n-1} \left(3 + \frac{1}{k} - \frac{1}{k+1}\right)$$

$$= b_2 + \boxed{3(n-2) + \frac{1}{2} - \frac{1}{n}} (n \geq 3)$$

이다.

$$\therefore f(n) = 3n^2 + 3n + 1,$$

$$g(n) = \frac{1}{n(n+1)},$$

$$h(n) = 3n - \frac{11}{2} - \frac{1}{n}$$ 이므로

$$\frac{f(3)}{g(3)h(6)} = \frac{37}{\dfrac{1}{12} \times \left(18 - \dfrac{11}{2} - \dfrac{1}{6}\right)}$$

$$= \frac{37}{\dfrac{1}{12} \times \dfrac{74}{6}} = \frac{37}{\dfrac{2 \times 37}{72}} = 36$$

예제

정답 ②

출제의도

수열의 귀납적 정의를 이해하고 식의 값을 구할 수 있는가를 묻는 문제이다.

풀이

$a_{n+2} = 3a_{n+1} - 3 \cdots ㉠$,

$a_{n+1} = 3a_n - 3 \cdots ㉡$

㉠－㉡ :

$a_{n+2} - a_{n+1} = 3(a_{n+1} - a_n)$

$a_2 - a_1 = 1$ 에서 $a_{n+1} - a_n = 3^{n-1}$

$\therefore a_6 - a_5 = 81$

확인문제 01

정답 ①

출제의도

수열의 귀납적 정의 이해하기

풀이

$\dfrac{1}{a_{n+1}} = \dfrac{3a_n + 1}{a_n} = 3 + \dfrac{1}{a_n}$ 이므로 수열

$\left\{ \dfrac{1}{a_n} \right\}$ 은 첫째항 $\dfrac{1}{a_1} = 2$ 이고, 공차 3인

등차수열이다.

따라서, $\dfrac{1}{a_n} = 2 + 3(n-1) = 3n - 1$ 이

므로 $a_n = \dfrac{1}{3n - 1}$

$\therefore a_{20} = \dfrac{1}{59}$

확인문제 02

정답 20

풀이

양변을 $a_n a_{n+1}$ 로 나누면

$$2n = \dfrac{1}{a_{n+1}} - \dfrac{1}{a_n}$$

$\dfrac{1}{a_n} = b_n$ 이면,

$$2n = b_{n+1} - b_n, \quad b_1 = \dfrac{1}{a} = \dfrac{1}{2}$$

수열 $\{b_n\}$ 은 첫째항이 $\dfrac{1}{2}$ 이고 계차의

일반항이 $2n$ 이므로

$$b_n = \dfrac{1}{2} + \sum_{k=1}^{n-1} 2k = \dfrac{2n^2 - 2n + 1}{2}$$

$$a_n = \dfrac{1}{b_n} = \dfrac{2}{2n^2 - 2n + 1}$$

$p = -2, \ q = 1 \qquad \therefore 5p^2 q = 20$

확인문제 03

정답 105

풀이

주어진 점화식의 양변을

$a_n a_{n+1} a_{n+2}$ 로 나누면

$\dfrac{1}{a_{n+2}} - \dfrac{2}{a_{n+1}} + \dfrac{1}{a_n} = 0$ 이므로

$\left\{ \dfrac{1}{a_n} \right\}$ 은 공차가 $\dfrac{1}{2}$ 인 등차수열이다.

$$\therefore \sum_{k=1}^{20} \dfrac{1}{a_k} = \dfrac{20 \cdot \left(2 \cdot \dfrac{1}{2} + 19 \cdot \dfrac{1}{2} \right)}{2}$$

$$= 105$$

예제

정답 ③

풀이

순서도는 $a_1 = 5$, $a_{n+1} = 2a_n + 3$인 수열 $\{a_n\}$에서 a_{10}을 구하는 것과 같다.

$$a_n = 8 \cdot 2^{n-1} - 3 = 2^{n+2} - 3$$

$$\therefore a_{10} = 4093$$

 **확인문제 01**

정답 160

출제의도

순서도를 이용하여 수열의 합 구하기

풀이

순서도에 따라 계산되는 값은 표와 같다.

N	1	2	3	4	5
S	2^1	2×2^2	3×2^3	4×2^4	5×2^5

확인문제 02

정답 ①

출제의도

순서도를 이용하여 약수의 곱 추론하기

풀이

인쇄되는 S는 72의 양의 약수의 곱이다.

$$72 = 2^3 \times 3^2$$

72의 양의 약수는 다음과 같다.

$\times$	1	2	2^2	2^3
1	1	2	2^2	2^3
3	3	2×3	$2^2 \times 3$	$2^3 \times 3$
3^2	3^2	2×3^2	$2^2 \times 3^2$	$2^3 \times 3^2$

$$\therefore S = 2^{18} \times 3^{12}$$

Lec.33

예제

정답 ①

풀이

$$\lim_{n \to \infty} \frac{(n+1)(3n-1)}{2n^2+1}$$

$$= \lim_{n \to \infty} \frac{3n^2 + 2n - 1}{2n^2 + 1}$$

$$= \lim_{n \to \infty} \frac{3 + \dfrac{2}{n} - \dfrac{1}{n^2}}{2 + \dfrac{1}{n^2}} = \frac{3}{2}$$

확인문제 01

정답 ⑤

풀이

$$\lim_{n \to \infty} \frac{2 \times 3^{n+1} + 5}{3^n} = \lim_{n \to \infty} \frac{2 \times 3 + \dfrac{5}{3^n}}{1} = 6$$

확인문제 02

정답 ⑤

풀이

$$\lim_{n \to \infty} \left(\sqrt{n^2 + 6n + 4} - n \right)$$

$$= \lim_{n \to \infty} \frac{\left(\sqrt{n^2 + 6n + 4} - n \right)\left(\sqrt{n^2 + 6n + 4} + n \right)}{\sqrt{n^2 + 6n + 4} + n}$$

$$= \lim_{n \to \infty} \frac{(n^2 + 6n + 4) - n^2}{\sqrt{n^2 + 6n + 4} + n}$$

$$= \lim_{n \to \infty} \frac{6n + 4}{\sqrt{n^2 + 6n + 4} + n}$$

$$= \lim_{n \to \infty} \frac{6 + \dfrac{4}{n}}{\sqrt{1 + \dfrac{6}{n} + \dfrac{4}{n^2}} + 1}$$

$$= \frac{6 + 0}{\sqrt{1 + 0 + 0} + 1} = \frac{6}{2} = 3$$

확인문제 03

정답 ③

풀이

$$\lim_{n \to \infty} \frac{a \times 6^{n+1} - 5^n}{6^n + 5^n} = \lim_{n \to \infty} \frac{a \times 6 - \left(\dfrac{5}{6} \right)^n}{1 + \left(\dfrac{5}{6} \right)^n}$$

$$= 6a = 4 \quad \therefore \quad a = \frac{2}{3}$$

🔊 예제

정답 2

출제의도

무한수열의 수렴 이해하기

풀이

무한수열 $\left\{(x+2)(x^2-4x+3)^{n-1}\right\}$이 수렴하기 위해서는

(i) 첫째항이 $x+2=0$일 때, $x=-2$

(ii) 공비가 $r=x^2-4x+3$이므로

$\quad -1 < x^2-4x+3 \leq 1$에서 정수 x는 1, 3이다.

따라서, (i), (ii)에 의하여 정수 x는 -2, 1, 3이므로 모든 정수 x의 합은 2이다.

🎲 확인문제 01

정답 ⑤

풀이

$3n-1 < na_n < 3n+1$에서

$$\frac{3n-1}{n} < a_n < \frac{3n+1}{n}$$

이 때,

$$\lim_{n\to\infty}\frac{3n-1}{n}=\lim_{n\to\infty}\frac{3n+1}{n}=3$$이므로

$$\lim_{n\to\infty} a_n = 3$$

🎲 확인문제 02

정답 ①

풀이

$$\lim_{n\to\infty}\frac{na_n}{3n^2+2n+1}$$

$$=\lim_{n\to\infty}\left\{\frac{a_n}{3n-2}\times\frac{n(3n-2)}{3n^2+2n+1}\right\}$$

$$=\lim_{n\to\infty}\frac{a_n}{3n-2}\times\lim_{n\to\infty}\frac{n(3n-2)}{3n^2+2n+1}$$

$$=2\times 1 = 2$$

🎲 확인문제 03

정답 ②

풀이

$a_1=2,\ a_{n+1}-a_n=2n$이므로

$$a_n=2+\sum_{k=1}^{n-1}2k$$

$$=2+2\times\frac{(n-1)n}{2}$$

$$=n^2-n+2\ (n\geq 2)\ \cdots\cdots\ \bigcirc$$이고

$\bigcirc$은 $n=1$일 때도 성립한다.

$S_n=a_1+a_2+\cdots+a_n$ 이라 하면

$$S_n=\sum_{k=1}^{n}\left(k^2-k+2\right)$$

$$=\frac{1}{6}n(n+1)(2n+1)-\frac{1}{2}n(n+1)+2n$$

$$=\frac{1}{3}n(n^2+5)$$

$$\therefore\ \lim_{n\to\infty}\frac{a_1+a_2+\cdots+a_n}{n^3}$$

$$=\lim_{n\to\infty}\frac{S_n}{n^3}=\lim_{n\to\infty}\frac{\frac{1}{3}n(n^2+5)}{n^3}=\frac{1}{3}$$

Lec.**35**

🔊 예제

정답 42

출제의도

무한등비급수의 수렴범위 구하기

풀이

공비가 $\dfrac{x-5}{5}$ 이므로 $-1 < \dfrac{x-5}{5} < 1$

$0 < x < 10$ 이며 $x = -3$ 일 때도 수렴하므로 수렴하는 모든 정수 x 의 합은 42이다.

확인문제 01

정답 4

풀이

급수가 수렴하므로 일반항은 0으로 수렴한다.

$\lim\limits_{n \to \infty} 3^n a_n - 2 = 0$ 이므로 $\lim\limits_{n \to \infty} 3^n a_n = 2$ 이다.

$$\lim_{n \to \infty} \frac{6a_n + 5 \cdot 4^{-n}}{a_n + 3^{-n}}$$

$$= \lim_{n \to \infty} \frac{6 \cdot 3^n a_n + 5\left(\dfrac{3}{4}\right)^n}{3^n a_n + 1} \text{이므로}$$

주어진 식의 극한값은 $\dfrac{12}{3} = 4$ 이다.

확인문제 02

정답 16

풀이

$\sum\limits_{n=1}^{\infty} \dfrac{a_n}{4^n} = 2$ 에서 무한급수의 합이 수렴하므로 $\lim\limits_{n \to \infty} \dfrac{a_n}{4^n} = 0$

$\therefore$ (주어진 식)

$$= \lim_{n \to \infty} \frac{\dfrac{a_n}{4^n} + 4 - \dfrac{1}{3}\left(\dfrac{3}{4}\right)^n}{\dfrac{1}{4} + 3 \cdot \left(\dfrac{3}{4}\right)^n} = \frac{4}{\dfrac{1}{4}} = 16$$

확인문제 03

정답 ①

풀이

$7a_1 + 7^2 a_2 + \cdots + 7^n a_n = 3^n - 1$ ……(1)에 $n \leftarrow n-1$ 을 대입하면,

$7a_1 + 7^2 a_2 + \cdots + 7^{n-1} a_{n-1}$
$= 3^{n-1} - 1$ ……(2)

(1)−(2)하면

$$7^n a_n = 2 \times 3^{n-1} \Leftrightarrow a_n = \frac{2}{7} \times \left(\frac{3}{7}\right)^{n-1}$$

$$\therefore \sum_{n=1}^{\infty} \frac{a_n}{3^{n-1}} = \frac{2}{7} \sum_{n=1}^{\infty} \frac{1}{7^{n-1}}$$

$$= \frac{2}{7} \times \frac{1}{1 - \dfrac{1}{7}} = \frac{1}{3}$$

Lec.36

예제

정답 ③

풀이

무한등비급수 $S = \dfrac{a}{1-r}$ 를 구한다.

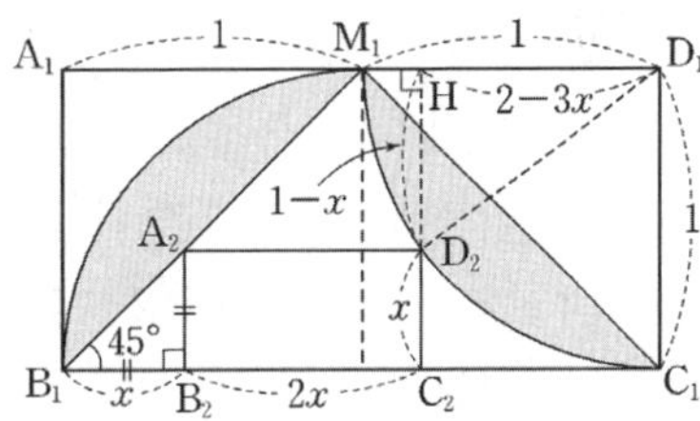

R_1 의 넓이 $a = \left(\dfrac{\pi}{4} - \dfrac{1}{2}\right) \times 2 = \dfrac{\pi}{2} - 1$

공비 r 를 구하기 위해 먼저 길이의 닮음비 $\dfrac{\overline{C_2 D_2}}{\overline{C_1 D_1}}$ 를 구한다.

$\overline{C_2 D_2} = x$ 라 두면 D_2 에서 $\overline{A_1 D_1}$ 에서 내린 수선의 발을 H 라 하자.

$\overline{B_1 M_1}$ 과 $\overline{B_1 C_1}$ 이 이루는 각이 45°이므로

$\overline{B_1 B_2} = \overline{A_2 B_2} = x$, $\overline{B_2 C_2} = 2x$,

$\overline{HD_1} = 2 - 3x$, $\overline{HD_2} = 1 - x$가 되고

$\overline{HD_1}^2 + \overline{HD_2}^2 = \overline{D_1 D_2}^2 = 1$에서

$$(2-3x)^2 + (1-x)^2 = 1$$

$$5x^2 - 7x + 2 = 0$$

$$(5x-2)(x-1) = 0 \qquad \therefore \ x = \frac{2}{5},\ 1$$

$x \neq 1$이므로 $\ x = \dfrac{2}{5}$

따라서, 넓이의 비는 $\dfrac{4}{25}$이고, 이것이 공비가 된다.

$$\therefore \ S = \frac{\dfrac{\pi}{2} - 1}{1 - \dfrac{4}{25}} = \frac{25}{21}\left(\frac{\pi}{2} - 1\right)$$

 확인문제 01

정답 ④

풀이

원 O_2의 반지름의 길이를 r라 하면

$$\overline{A_1C_2} + \overline{A_2C_1} - \overline{A_2C_2} = \overline{A_1C_1}$$

이므로

$$3\sqrt{2} + 3\sqrt{2} - 2r = 6$$

$$\therefore \ r = 3\sqrt{2} - 3$$

따라서 반복되어지는 도형의 닮음비는

$3 : (3\sqrt{2} - 3) = 1 : (\sqrt{2} - 1)$이므로

넓이의 비는

$$1 : (\sqrt{2} - 1)^2 = 1 : (3 - 2\sqrt{2})$$

그러므로 수열 $\{S_n + T_n\}$은

공비가 $3 - 2\sqrt{2}$인 등비수열이다.

이 때 첫째항 $S_1 + T_1$의 값은

$$\pi \cdot 3^2 - 2 \times \left\{\frac{1}{2} \cdot (3\sqrt{2})^2 \cdot \frac{\pi}{2} - \frac{1}{2} \cdot (3\sqrt{2})^2\right\}$$

$= 18$이므로

$$\sum_{n=1}^{\infty} (S_n + T_n) = \frac{18}{1 - (3 - 2\sqrt{2})}$$

$$= \frac{18}{2\sqrt{2} - 2} = \frac{9}{\sqrt{2} - 1} = 9(\sqrt{2} + 1)$$

 확인문제 02

정답 ③

풀이

그림 R_n에서 새로 색칠되는 ⌣모양의 도형은 2^{n-1}개이다. 그림 R_n에서 새로 그려지는 원 중 하나를 O_n, 지름을 선분 A_nB_n이라 하고 원 O_n의 중심을 지나고 선분 A_nB_n과 수직인 직선이 원과 만나는 2개의 점 중 한 점을 C_n이라 하자. 또, 원 O_n의 반지름의 길이를 r_n이라 하자.

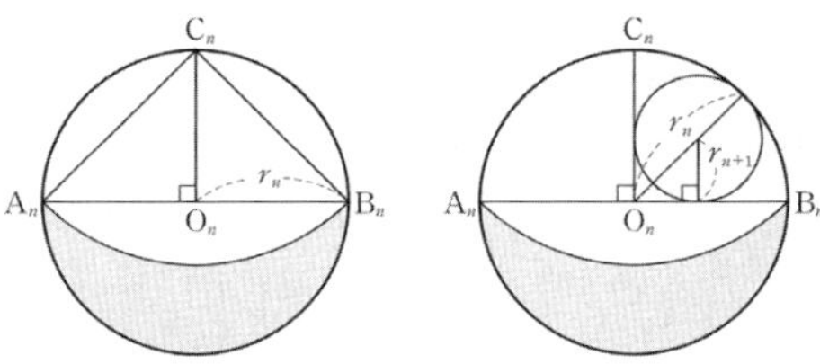

이때 ⌣모양의 도형의 넓이를 T_n이라 하면 T_n은 아래쪽 반원의 넓이에서 활꼴 부분의 넓이를 빼면 되므로

$$T_n = \frac{1}{2} \cdot \pi \cdot r_n{}^2$$

$$- \left\{\frac{1}{4} \cdot \pi(\sqrt{2}\,r_n)^2 - \frac{1}{2} \cdot 2r_n \cdot r_n\right\} = r_n{}^2$$

따라서 그림 R_n에서 새로 색칠되는 부분의 넓이는 $2^{n-1}T_n = 2^{n-1}r_n{}^2$이다.

$r_1 = 1$이고 $\sin 45° = \dfrac{r_{n+1}}{r_n - r_{n+1}}$에서

$$r_{n+1} = (\sqrt{2} - 1)r_n$$

$$\therefore \ r_n = (\sqrt{2} - 1)^{n-1}$$

$$\therefore \ \lim_{n\to\infty} S_n = \sum_{n=1}^{\infty} 2^{n-1} \cdot \left\{(\sqrt{2} - 1)^2\right\}^{n-1}$$

$$= \sum_{n=1}^{\infty} (6 - 4\sqrt{2})^{n-1}$$

$$= \frac{1}{1 - (6 - 4\sqrt{2})}$$

$$= \frac{5 + 4\sqrt{2}}{7}$$

 **memo**

iBS 교육방송 수학영역 A형(수1)

초판인쇄일 ┃ 2014년 1월 20일
1쇄발행일 ┃ 2014년 1월 25일

지 은 이 ┃ 이용배
펴 낸 이 ┃ 이용배
책임감수 ┃ IPTV교육방송 편성위원장(김성태)
감　　수 ┃ 이경우, 김서진, 김진호, 김현진,
　　　　　　　박은하, 박황민, 신은정, 이기홍,
　　　　　　　이원광, 이정봉, 이종석, 이종헌,
　　　　　　　정진경, 조동영

펴 낸 곳 ┃ IPTV교육방송(강남스터디)
디 자 인 ┃ 박수정, 김화현
제　　작 ┃ 송재호
홍　　보 ┃ 권재흥
문　　의 ┃ http://iptvstudy.co.kr(IPTV교육방송)
상　　담 ┃ 강남스터디 02) 515-0058

총　　판 ┃ 가나북스 www.gnbooks.co.kr
전　　화 ┃ 031) 408-8811(代)
팩　　스 ┃ 031) 501-8811